中华优秀传统文化青少年通识读本

图说
中华优秀传统文化
文治武功

杨亮 秦野 李月 编著

东北大学出版社

·沈阳·

ⓒ 杨 亮 秦 野 李 月 2017

图书在版编目（CIP）数据

图说中华优秀传统文化. 文治武功 / 杨亮，秦野，
李月编著. — 沈阳：东北大学出版社，2017.12（2025.1 重印）
ISBN 978-7-5517-1788-5

Ⅰ. ①图… Ⅱ. ①杨… ②秦… ③李… Ⅲ. ①中华文
化—青少年读物②中国历史—青少年读物 Ⅳ.
①K203-49

中国版本图书馆 CIP 数据核字（2017）第 328193 号

出 版 者：东北大学出版社
　　　　　地址：沈阳市和平区文化路三号巷 11 号
　　　　　邮编：110819
　　　　　电话：024-83687331（市场部） 83680267（社务部）
　　　　　传真：024-83680180（市场部） 83687332（社务部）
　　　　　网址：http://www.neupress.com
　　　　　E-mail：neuph@neupress.com
印 刷 者：三河市万龙印装有限公司
发 行 者：东北大学出版社
幅面尺寸：170mm×240mm
印　　张：11.25
字　　数：162 千字
出版时间：2017 年 12 月第 1 版
印刷时间：2025 年 1 月第 3 次印刷
责任编辑：向　阳　潘佳宁
责任校对：梁　洁
封面设计：潘正一
责任出版：唐敏志

ISBN 978-7-5517-1788-5　　　　　　　　定　价：38.50 元

"悦读"中国，"图说"文化

在我的童年里，书很少，值得读的有价值的书更少。那时候，总是几个小伙伴共享一本书，一个人朗读给一群人听，然后大家分享。那时候最喜欢的书，是图文并茂的，即使没有配图，我们也会想象出无穷无尽的画面。

那时候总是对历史文化方面的书有着特殊的情感，甚至是执着。长大以后，成为教师，成为中华优秀传统文化的传播者，更是把编写少儿国学文化普及读物作为自己的一项使命。

带着儿时的执念，也带着对中华文化的热爱，我们为青少年朋友编写了这套"图说中华优秀传统文化"丛书。

这套丛书从青少年的兴趣出发，围绕科技发明、江河湖海、文治武功、文化古迹、书法绘画、经史子集、民俗礼仪、百家争鸣、名人典故、文史趣谈、名山胜地、历代珍宝等十二个主题，通过中华文化核心理念、故事、图片、思考、诗文等板块，图文并茂、全方位地解读中华文化。阅读本书，你能感受到——

仰望星空，俯察大地，铸鼎烧瓷，琢玉雕金，四大发明纵横世界，先人的智慧与汗水凝聚古今！

浩浩长江，巍巍昆仑，三山五岳，青海长云，黄河之水天上来，那是九州血脉！

秦皇汉武，唐宗宋祖，文治武功，永乐康乾。以经天纬地智慧，谋万民福祉，开创盛世中华！

万里长城，都江古堰，布达拉宫，紫禁之巅，圣哲先贤的身影，穿梭于秦时明月汉时关！

一点朱红，万般青翠，工笔写意，凤舞龙飞，颜筋柳骨勾勒出炎黄子孙的雄壮华美！

圣人辈出，述往思今，栉风沐雨，百家争鸣，经史子集里谱写着任重道远的担当！

"悦读"中国，"图说"文化。愿这套书带给你一股温暖、愉悦的力量。

秦　野

2017 年 9 月

目 录
CONTENTS

社稷坛前说社稷

清光绪帝《大婚典礼全图册》之《大征礼图》

"社"为土，"稷"为谷，江山社稷就是君王统治的万里河山，老百姓在万里江河山川的土地上种庄稼。社稷之福就是百姓之福，君王的江山就是百姓的社稷，君王江山稳固，百姓就吃穿不愁。

文言文中的"社"指土地神大地之母——后土，"稷"指五谷神稷王——后稷，合起来代指祭祀，古时祭祀是国家的大事，后渐渐成为国家的代名词，《孟子·尽心下》中便有"民为贵，社稷次之，君为轻"的论述。社稷就是指百姓民生，江山就是指国家，江山社稷就是指国家民生。

北京社稷坛

北京·社稷坛

图说

社稷坛位于天安门广场的西北侧，与太庙相对，体现了"左祖右社"的帝王都城设计原则。社稷坛是呈正方形的三层高台，以汉白玉砌成，象征着"天圆地方"之说，坛上铺有中黄、东青、南红、西白、北黑的五色土，四周短墙也按方向覆盖四色琉璃瓦。五色土是由全国各地纳贡而来，以表示"普天之下，莫非王土"，还象征着金、木、水、火、土五行为万物之本。

社稷坛坐落在北京天安门广场的西北侧，是明朝和清朝皇帝举行大型祭祀活动的祭坛。在古代，人们的生活来源主要依靠农业耕种，因此，风调雨顺、五谷丰登就是人们心中最美好的愿望。为了求得上天和神灵的保佑，每当春回大地的时候，皇帝都要来到社稷坛，举行隆重的祭祀典礼。

☀ **延伸思考**

"社"和"稷"是指什么？你心中理解的"社稷"是什么？

句龙的传说

相传，发明"社"的是共工的儿子句龙，共工氏族世代担任水正一职，水正是古代掌管水利事务的官职。发洪水的时候，句龙就让人们搬到高地的土丘上去住，没有高

五谷神像

3

地就挖土堆丘，土丘的规模是每丘住25户，称之为"社"。句龙死后，被人们奉为土神，也叫社神。为了纪念句龙，人们专门建造了房屋祭祀，称之为"后土"。

烈山氏的儿子柱在夏朝担任稷正，就是主管农业的官职，在他死后，被奉为农神，也叫五谷神。

三家分晋

江山社稷金殿

图说

在故宫乾清宫东西两侧各有一个金亭，合称"江山社稷金殿"，又叫"金亭子"，西面的叫"江山金殿"，东面的称"社稷金殿"。清顺治三年所建，形制相同，采用范刻鎏金的工艺，殿底为三层石台，金殿的重檐宝顶，上圆下方，意为天圆地方，里面供奉社稷之神，象征皇帝掌握着皇家的江山社稷，也寄托着统治者希望国家国泰民安，江山永固的思想。

八达岭长城

图 说

　　我国北方辽阔的土地上横亘着一条延绵起伏、气势雄伟的万里长城。作为古代先进军事防御工程的代表，长城被历代王朝视为是江山一统、社稷永固的象征。

　　后来，"社稷"的意思发生了改变，后世很多人把"社稷"和"江山"放在一起，用来代表国家。历朝历代，都有"国君死社稷"的传统。为了"社稷"而牺牲自己的例子更是多得数不过来。

　　赵简子是春秋末年晋国的六卿之一，临终前要将二儿子赵无恤立为继承人，有位名叫董阏的大臣问他："历来都以长子继位，无恤是庶出又非长子，怎么可以立他呢？"赵简子回答说："我把自己的一群儿子都考虑过了，只有无恤为人能顾全大局，能为赵氏的'江山社稷'忍受羞辱。"

赵无恤继位以后，有一天，他请晋国的另一名贵族知伯喝酒。知伯倨傲无礼，酒席间百般侮辱赵无恤，可是赵无恤不但不发怒，而且还劝知伯"别生气，别生气"，但是知伯不知好歹，竟当着无恤家那么多下人的面给了无恤两个响亮的耳光。

左右侍臣都按捺不住怒火，要无恤把知伯杀了。无恤劝住他们，说："先君立我为继承人，说过我能为社稷忍辱，我怎能因小失大而去杀人呢？"

过了十个月，知伯倚仗自己强大，向无恤勒索领地，无恤没有答应。知伯恼羞成怒，派重兵将无恤围困在晋阳，又决开汾水灌城，大有一口吞吃晋阳之势。但是赵无恤没有认输，也没因此就失去信心，仍然顽强御敌。

第二年，他联合晋国的韩、魏二卿，分兵出击，将知伯军队彻底击溃，形成了"三家分晋"的局势。"赵无恤为社稷蒙羞"的故事不仅表现了赵无恤个人能屈能伸、坚韧不拔的优良品质，同时还诠释了"江山社稷"的重要地位。

🔗 **诗文链接**

别蔡十四著作

唐·杜甫

稍令社稷安，自契鱼水亲。
我虽消渴甚，敢忘帝力勤。

"禅"始不能"禅"终

尧禅让帝位

禅让，指在位君主生前便将统治权让给他人。

尧，相传是我国原始社会后期著名的部落联盟首领，尧去世前就把部落联盟的首领位置让给了舜，推舜为帝。这种让位，历史上称为"禅让"。

尧舜禅始

　　一提到古代的明君，我们就会想起尧、舜这两位君王。其实在那个时候，中华文明才刚刚起步，国家也并没有今天这么大。君王之间都是采用禅让的方式交接权力。禅让是君主们自愿进行的，通过多方综合考评，谁有能力就让谁当首领，现任君王和继承者之间往往没有血缘关系。

　　尧就是看中了舜处理家庭矛盾、协调人际关系的本事，才将王位禅让给他的。据说舜的父亲是一个糊涂的瞎老头，舜的母亲生下他之后不久就去世了。后来舜的父亲又娶了一个妻子，生了一个儿子名叫象。

山西运城舜帝陵舜帝石像

　　舜的父亲、继母和弟弟把他当成眼中钉、肉中刺，经常欺负他、打骂他。舜在家实在待不下去了，只好搬到历山脚下，盖了一间草屋，一个人过起了日子。尽管家人对他不好，舜却对他们非常友善。舜独自一人在历山脚下耕种，每当遇到荒年，他总是暗中拿些粮食去接济父母和弟弟。舜是个品德高尚、谦让的人。舜在历山种地没多久，在他的德行感化之下，过去那些争夺地界的农民就能和睦相处了。后来舜又去雷泽打鱼，那些为了争夺渔场打得头

尧舜禅让

图说

　　尧舜禅让的历史传说，反映了原始社会末期的民主制度。禅让的方式是和平、民主地推选，更为重要的是体现了"以人为本，任人唯贤"的思想。

破血流的渔人受舜的感化也能和睦相处了。舜走到哪里，他的德行就会感化哪里的人，大家都愿意跟着他。他住的地方，一年之后就变成了村庄；三年之后，那里就变成了小镇。

当时尧的年纪大了，想找个称职的继承人。有一次，他召开部落会议，说出了自己想要禅让王位的打算。有人说："大王，您的儿子丹朱很开明，继承您的位子很合适。"尧严肃地摇摇头说："这小子品德不太好，总爱和别人争吵。"还有人提议说："管理水利的共工很不错，可以担当大任。"尧同样不满意，他说："共工这个人能说会道，表面很客气，可是心里却有另一套想法，这个人我不太放心。"后来，很多地方的首领都推荐舜，声称舜的品德高尚，能力过人，很有领袖气质。

尧很高兴，他决定考察一下舜。他把两个女儿嫁给了舜，还分给了他很多牛羊，并替他修筑了粮仓。舜的父亲和弟弟看了，又是羡慕又是嫉妒，于是三番五次想要害死舜。有一回，舜在修补粮仓的时候，他的父亲和弟弟就在下面放火准备烧死他。舜想找梯子下来的时候，梯子已经不知去向。舜只好双手拿着斗笠，像鸟一样张开翅膀跳下去。结果，舜轻轻地落在地上，一点伤也没有受。

还有一次，舜去淘井。舜跳下井后，他的父亲和弟弟就把一块大石头投了下去，把井口死死地填住了。没想到舜从井底挖了个隧道，安全地返回了家中。舜的父亲和弟弟正在美滋滋地盘算着怎么分掉舜的妻子和财产，没想到舜竟然奇迹般地出现在他们眼前。然而，以后舜还是照样和和气气地对待父母兄弟。舜的父亲和弟弟终于被感动，不再害舜了。

延伸思考

你遇到过像舜这样被别人伤害的事情吗？你是怎样处理的？

通过对舜的多方面考察，加上大家对他品行的称赞，尧认为舜名副其实，是个既有品德又能干的人，于是就把自己的位子禅让给了舜。

🔍 **成语**

尧天舜日

尧、舜，古代传说中的两位贤君。原用以称颂帝王的盛德。后也比喻天下太平的时候。

夏启禅终

舜年纪大了之后，按照同样的方式，把自己的王位禅让给了"治水有功"的禹。禹上位之后，开始树立自己的权威。他将天下划分为九州，命人铸造了九个大鼎，作为九州的象征。禹还命令各个部落的首领必须定期向他进贡，并向九鼎隆重参拜。有一次，一个叫作防风氏的部落进贡来晚了。禹认为防风氏藐视他的权威，于是下令将防

大禹治水

图说

面对滔滔洪水，大禹改变了"堵"的办法，对洪水进行疏导，体现出他具有带领人民战胜困难的聪明才智。大禹为了治理洪水，长年在外与民众一起奋战，三过家门而不入。

风氏处死。各个部落的首领见到禹如此厉害，一个个胆战心惊，对禹唯命是从。

随着禹王位的巩固，他越来越觉得自己好不容易得来的王位不应该落在别人的手里，应该让自己的儿子继承。但是各个部落的首领一致推举柏益担任禹的继承人，既考虑到"禅让"的传统由来已久，又考虑到众怒难犯，禹只好答应了让柏益做继承人。为了这件事，禹好几天都没睡好觉。后来，他想到自己之所以能够登上王位，一来是自己治水有功，二来是舜很早就把国家大事交给自己处理。如果自己效仿舜的做法，那大权肯定要落到柏益的手里。那为什么不把国家大事交给自己的儿子，只留给柏益一个继承人的虚名呢？于是，禹就把国家大事交给了儿子启处理，几年下来，启把国家治理得井井有条，大家都很拥护他。相反，身为继承人的柏益却碌碌无为，差不多被人们淡忘了。禹死后，启就顺理成章地行使起王权来。

柏益非常生气，他召集东夷部落反叛。启早有防备，经过一场大战，把柏益打败了。启为了庆祝胜利，举行了大规模的庆功宴会，公开宣布自己是禹的继承者。尽管打败了柏益，但是启改变禅让的传统方式，还是有许多人反对。有一个叫作有扈氏的部落发动了叛乱，要求启把王位还给柏益。于是，启率领兵马出师平叛。在两军大战前，启激励将士们说："有扈氏不敬天帝，不尊王命，上天命令我来消灭他。因此，你们必须服从我的命令，奋勇杀敌。"启训话完毕，士兵像潮水一样杀向有扈氏。经过一番惨烈的激战，有扈氏被打败了。启命令把有扈氏的俘虏全部罚作奴隶。其他部落看到有扈氏的下场，就没人再敢反抗启了。

延伸思考

跟大家讲一讲"舜"的故事，说说尧为什么会把帝位禅让给舜。

启终于坐稳了君主的宝座。启的胜利标志父死子继的家天下终于在血与火的暴力推动下得以确立，"天下为公"，谦让和睦的禅让制到此结束。

诗文链接

> 宰我曰：以予观于夫子，贤于尧舜远矣。
>
> ——《孟子·公孙丑上》
>
> 孟子道性善，言必称尧舜。世子自楚反，复见孟子。
>
> ——《孟子·滕文公上》
>
> 将兴尧舜之道，三王之功矣。
>
> ——《资治通鉴》

礼贤下士魏文侯

魏文侯

战国初期，魏国是最强的国家，这同国君魏文侯（魏斯）的贤明是分不开的。魏文侯最大的长处是礼贤下士，知人善任，器重品德高尚而又具有才干的人，虚心听取他们的意见，善于发挥他们的作用。因此，许多贤士能人都到魏国来了。

图说

魏文侯（前472—前396），姬姓魏氏，名斯，一名都，安邑（今山西夏县）人，魏桓子之孙。战国时期魏国开国君主。公元前445年即位。公元前403年，韩、赵、魏三家分晋，被周威烈王正式承认为诸侯，成为封建国家。

屈尊拜师

魏国有一个叫段干木的人，德才兼备，名望很高，隐居在一条僻静的小巷里，不肯出来做官。魏文侯一直想同他见面，向他请教治理国家的方法。有一天，他坐着车子亲自到段干木家去拜访。段干木听到文侯的车马响动声，赶忙翻墙跑了。魏文侯吃了闭门羹，只得悻悻而归。接连几次去拜望，段干木都不肯相见。但是，魏文侯对段干木始终非常仰慕，每次乘车路过他家门口，都要从座位上起来，扶着马车上的栏杆，伫立仰望表示敬意。车夫问："您看什么呢？"魏文侯说："我看段干木先生在不在家。"车夫不以为然地说："段干木也太不识抬举了，您几次访问他，他都不见，还理他干什么！"魏文侯摇了摇头说："段干木先生可是个了不起的人啊，不趋炎附势，不贪图富贵，品德高尚，学识渊博。这样的人，我怎么能不尊敬呢？"

后来，魏文侯干脆放下国君的架子，不乘车马，不带随从，徒步来到段干木家里，这回好歹和段干木见了面。魏文侯恭恭敬敬地向段干木求教，段干木被他的诚意所感动，给他出了不少好主意。魏文侯请段干木做相国，段干

虎　符

图说

虎符是古代皇帝调兵遣将用的兵符，用青铜或者黄金做成伏虎形状的令牌，劈为两半，其中一半交给将帅，另一半由皇帝保存，只有两个虎符同时合并使用，持符者才获得调兵遣将权。

木怎么也不肯。魏文侯就拜他为老师，经常去拜望他，听取他对一些重大问题的意见。这件事很快传开了。人们都知道魏文侯"礼贤下士"，器重人才。一些博学多能的人，如政治家翟璜、李悝，军事家吴起、乐羊等都先后来投奔魏文侯，帮助他治理国家。

李悝相魏

魏文侯任李悝为相国，经常同他商讨国家大事。李悝也积极地提出许多建议。

有一天，魏文侯问李悝，怎样才能招募更多有才能的人到魏国来，李悝没有回答，反问道："主公，您看过去传下来的世卿世禄制怎么样？"魏文侯说："看来弊病甚多，需要改革。"李悝点点头说："这个制度不改，就不可能适用真正有才能的人，国家就治理不好。"

魏文侯十分同意他的看法，又问："那么，如何改革呢？"李悝早就胸有成竹，不慌不忙地说："我们必须废除世卿世禄制。不管什么人，是贵族还是平民，谁有本事、有功劳，就给谁官做、给谁俸禄；按本事和功劳大小分派职位；有功的一定奖赏，有罪的适当处罚。对那些既无才能又无功劳而又作威作福的贵族，采取断然措施，取消他们的俸禄，用这些俸禄来招聘人才。这样，四面八方的能人贤士就会到魏国来了。"

魏文侯听了，非常高兴，叫李悝起草改革的法令，不久就在全国执行了。这项改革，剥夺了腐朽没落的奴隶主贵族的"世袭"特权，增加了新兴地主阶级参与政治的机会，为巩固魏国政权创造了条件。接着，魏文侯又采纳了李悝的建议，实行"尽地力"的政策，就是积极兴建水利，改进耕作方法，以充分发挥土地的潜力。同时，李悝还创立了"平籴"，即丰收年景，市面上粮价便宜，为了不使农民吃亏，国家把粮食照平价买进；遇到荒年，市面上粮价昂贵，国家仍照平价把粮食卖出。这样，不管收成好坏，粮价一直是平稳的，人民生活比过去安定，国家的赋税收入也得到了保证。

李悝还搜集整理了春秋末期新兴地主阶级制定的法律，创制了我国历史上第一部比较系统的封建法典——

李悝雕像

《法纪》，用法律形式把封建制度固定下来，保护地主阶级的政治经济特权。

魏文侯很赞成李悝的主张和措施，实行了这一套办法以后，魏国很快就富强起来了。

驭将有方

魏文侯看国家实力增强了，就要去收复中山国（今河北省定县一带）。翟璜推荐乐羊做大将，说他文武双全，善于带兵，准能把中山国打下来。可是有人反对，说："乐羊的儿子乐舒在中山国当大官，他肯出力拼命地攻打中山国吗？只怕他疼爱儿子，到时候会心软。"翟璜说："乐羊可是一个忠心为国的人。乐舒曾经替中山国国君聘请乐羊去做官，乐羊认为中山国国君荒淫无道，不但没去，还劝儿子离开。可见他是很有见地的。"魏文侯把乐羊找来，对他说："我想让你带兵去平定中山国，您儿子在那儿做官，怎么办？"乐羊说："大丈夫为国家建功立业，要是破不了中山国，甘愿受处分！"

魏文侯就派乐羊为大将，带领兵马，去攻打中山国。一连几仗下来，中山兵大败。魏军长驱直入，一直打到中山国的都城，并且把都城包围起来。中山国国君十分恐慌，一面加紧城防，一面逼着乐舒劝说乐羊停止攻城。乐舒不得已，只得登上城楼大叫，请父亲来相见。乐羊出来，不等乐舒开口，就把他大骂一通，要乐舒赶紧劝中山国国君投降。乐舒请求乐羊暂时不要攻城，等他同国君商议，乐羊同意了，给他们一个月的期限。

一个月过去了，中山国又要求缓期一个月。这样三次，乐羊也没攻城。原来他是考虑，中山国城池坚固，硬攻伤亡太大，不如采取围而不攻的办法来收买民心，等待时机再把都城拿下来。谁知魏国朝廷上一些嫉妒乐羊的人乘机到文侯跟前说起他的坏话来了："主公请看，乐羊开始攻打中山国的时候，势如破竹。儿子一番话，三个月不攻城。父子感情可真深啊！要是不把乐羊召回来，恐怕要前功尽弃了。"诽谤乐羊的话不断送到魏文侯耳朵里。魏文侯问翟璜有什么意见，翟璜说："乐羊这个人很可靠，主公不要怀疑。"于是文侯对各种诽谤乐羊的话一律不加理睬，照样信任乐羊，经常派人到前线慰劳，还预先在都城替乐羊盖好了房子，等他回来住。乐羊心里非常感激。他看中山国不投降，就带军队拼命攻城。中山国国君看情势危急，就把乐舒绑了，高高地吊到城门楼顶的一根杆子上，想用这种办法迫使乐羊退兵。

乐舒在高杆上大叫："父亲救命！国君说您一退兵就不杀我……"乐羊气得直翘胡子，拔出箭来就要朝乐舒射去。中山国国君一气之下，果真杀了乐舒，还把他的头吊到杆子顶上，想引得乐羊悲痛，松懈斗志。乐羊见了儿子的脑袋，气得直骂："谁叫你给无道昏君做事啊！也是罪有应得。"接着，他带领军队更加努力攻城，最后，终于把中山国打了下来。平服中山国以后，魏文侯又任命吴起为大将，带领军队去攻打秦国，连着占领五座城池。魏国成为当时最强盛的国家。

☀ **延伸思考**

你认为魏文侯身上有哪些身为帝王应该具有的品质？

战国青铜戈

图说

"青铜戈"是我国青铜时代最主要的常用格斗兵器，横刃，青铜制成，装有长柄，是我国古代特有的一种长柄冷兵器，是车兵作战用的一种最常用的、最重要的格斗兵器，在古代战争中能够大范围内挥击，能勾能啄、可推可掠，具有极强的杀伤性，尤其适宜在战车上进攻时使用。

战国编钟

图 说

全套编钟包括钮钟19件、甬钟45件，钟上均铸有篆书铭文，共二千八百余字，其内容全面地反映了战国时期我国乐律学达到的高度水平。

🔍 成语

礼贤下士

礼，以礼相待；贤，有贤德的人；下，降低身份与人交往；士，有才德的人。对有才德的人以礼相待，降低身份与之结交。

🔗 诗文链接

魏文侯

宋·徐钧

闻道西河久服从，陶成国治蔼文风。

政缘馀泽沾洙泗，比似群侯故不同。

伊尹位卑不忘忧国

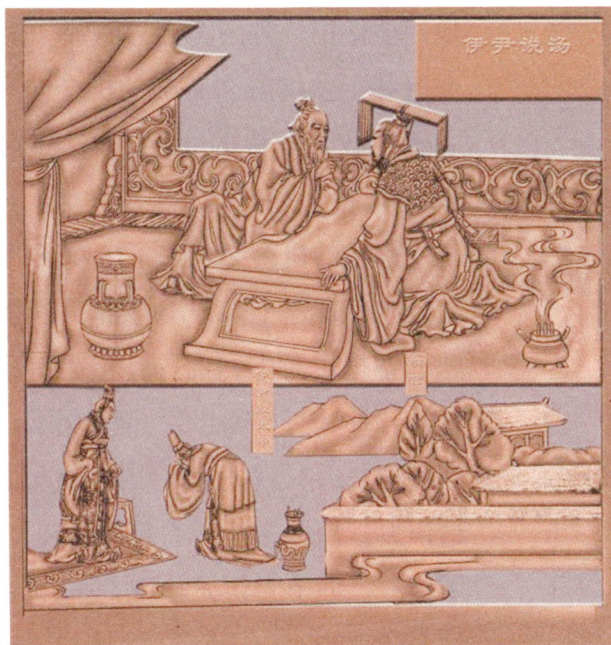

"伊尹说汤"浮雕

伊尹（生卒不详），商初名臣。夏朝末年生于空桑，因其母居伊水流域，故以伊为姓。伊尹最为人称道的是创造性地以烹调五味为引子，分析天下大势与为政之道。

约公元前16世纪初，伊尹辅助商汤灭夏朝，为商朝的统治立下汗马功劳。用"以鼎调羹""调和五味"的理论来治理天下，就是老子所说的"治大国若烹小鲜"。在伊尹的辅佐下，商朝初年经济比较繁荣，政治比较清明，商朝国力迅速强盛。

伊尹历事商朝商汤、外丙、仲壬、太甲、沃丁五代君主六十余年，始终忠心耿耿，史称贤相。伊尹被后人奉祀为"商元圣"。

三请伊尹

伊尹出身寒微，他在"有莘之野"躬耕务农。由于聪明手巧，做得一手好菜，伊尹深得有莘国国君的欣赏，特地让他做招待各国宾客的厨师。伊尹并不甘心就这样做一个厨师，他借着当厨师的机会向宾客们打听各国的情况，了解了政治形势的变化，以便时机成熟之后，做出一番事业。

伊尹的机会终于来了。商汤的左丞相仲虺在和伊尹的交谈中发现这个人很不寻常，是个难得的奇才。于是，仲虺准备把伊尹带回商国，但是有莘国的国王死活不放人。于是，仲虺只好给伊尹一些钱财，让他自己赎身。仲虺回到商国之后，就把这事跟国王汤说了。商汤马上派使节去请伊尹，使节左打听右打听，在乡间的一个小茅屋里找到了伊尹。使节见伊尹相貌平平，穿得破破烂烂，一脸傲慢地对伊尹说："你小子就是伊尹吧，算你走运。我们商王看上你了，收拾东西跟我上车吧。"伊尹见状，一脸不屑地说："我伊尹有饭吃，有田种，日子过得像尧舜一样的快活，干吗要和你回去呢？"

　　使节碰了一鼻子灰，只好悻悻而归。当商汤再次派人去请伊尹的时候，有莘国的国君怕伊尹被商国请回去对自己不利，就找了个借口把伊尹囚禁起来，并拒绝了使节的请求。

伊尹像

图说

　　伊尹不仅是中国历史上杰出的宰相，还是历史上十分出色的烹饪家。他"教民五味调和，创中华割烹之术，开后世饮食之河"，在中国烹饪文化史上占有重要地位，被中国烹饪界尊为"烹调之圣""烹饪始祖""厨圣"。

使节把事情一五一十地向商汤说了一遍，商汤听完之后，感到非常失望。这时，左丞相仲虺对商汤说："只有一个办法，我们应该向有莘国求婚，这样我们就可以让伊尹作为陪嫁奴隶来商国。"商汤派使臣向有莘国求婚，并请求让伊尹当陪嫁奴隶，有莘国的国君答应了商汤的请求，于是，伊尹作为陪嫁奴隶到了商国。

从奴隶到宰相

伊尹到了商国之后，商汤考虑到他是个陪嫁奴隶，如果贸然委以重任，会引起大家的不满，于是商汤就让伊尹当众抒发自己的抱负，并让他谈谈对天下大势的看法。伊

伊尹故里

尹对大家说："小人出身卑贱，承蒙商王不弃。那我今天就谈谈天下大势。如今夏桀荒淫无道，生灵涂炭。商王是一位难得的明主，欲伸大义于天下。我等应当尽心辅佐，助商王成就一番帝业，灭掉夏国。我很早就有这种想法，我今天来到商国，正是实现这一想法的良机。我这样一个奴隶，商王竟然如此礼遇，多次设法让我来此，我还敢不竭尽全力吗？"一席话说得大家心悦诚服，于是，商汤就当众任命伊尹为右丞相，帮助处理国家大事。就这样，伊尹由一个奴隶一跃成为了商国的宰相。

商汤在伊尹的帮助下，实力更加强大，终于灭掉了摇摇欲坠的夏王朝，建立了商朝，伊尹成为了商朝的开国功臣。商朝建立之初，伊尹又帮助商汤制定了各项典章制度，制定和规范了商朝的法律。一时间，商朝政治清明，社会安定，经济繁荣。

☀ 延伸思考

伊尹的故事说明了一个什么道理？请你跟大家讲讲你的看法。

伊尹放太甲

商汤死后，伊尹又辅佐了第二代、第三代君主，留下很多流传千古的典古，其中，最著名的就是伊尹放太甲的故事。

太甲是商汤的孙子，他继承了王位之后，伊尹写了三篇文章给太甲阅读，教导他如何做一个好君主。太甲读了这些文章，开始还能照着做，不敢违背祖宗定来下的规矩。到了第三年，他就开始忘乎所以，认为自己才是一国之主，不应该让这个奴隶出身的伊尹来管着他。他由着性子办事，把祖宗的法律破坏一空。用残酷的手段对付百姓，人民被压迫得喘不过气来。

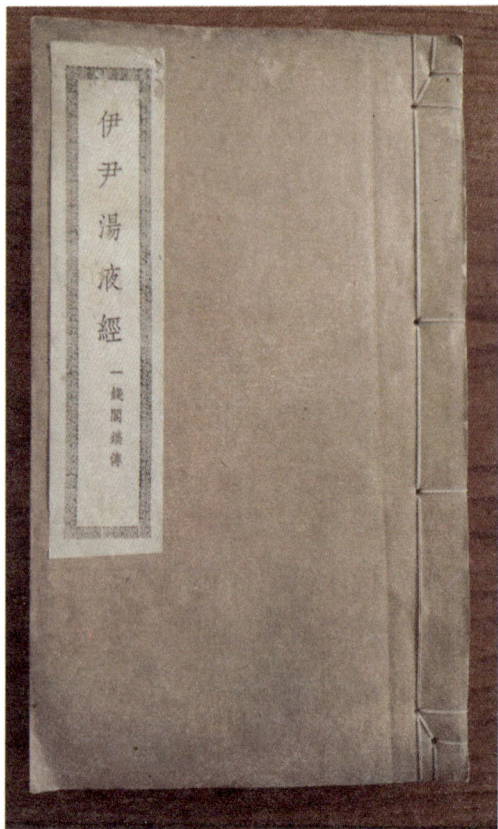

民国线装铅印本《伊尹汤液经》

图说

　　伊尹是中药汤剂的创始人，《甲乙经序》谓"伊尹以亚圣之才，撰用神农本草，以为汤液"。伊尹创立食疗方，将烹调技术与养生相结合，开后代"药食同源"的先河，改变中药服用方法，创制汤液，极大地提高了药物疗效。《汤液经》后世无传本，只有班固的《汉书·艺文志》中有记载"《汤液经法》三十二卷"，现今流传下来的版本始于东汉时期，相传是《汤液经》的抄录本。

　　太甲变坏了，伊尹当然不能放任他。伊尹开始是一再规劝，但太甲屡教不改，伊尹利用自己的威望，号召群臣，把太甲放逐到了桐宫——就是商汤的坟墓，让他反省。在这期间，伊尹没有另立君主，而是由自己暂时管理国家大事。太甲到了桐宫，面对着祖父简陋的宫室，他深感先人创业的艰难，自己今天生活的来之不易。于是，太甲洗心革面，悔过自新。伊尹得知了太甲变好的消息，非常高兴，于是又率领群臣把太甲迎回了王宫，把权力还给了他。

　　太甲在后来的执政中，施行仁政，对诸侯以诚相待。这时期，商朝国泰民安，国力达到了鼎盛。伊尹作《太甲训》三篇，歌颂太甲的功德，并尊他为太宗。

伊尹石像

太甲死后，他的儿子沃丁即位。沃丁在位时期，伊尹去世了。相传伊尹活了一百多岁，寿终正寝，沃丁感念伊尹对国家的贡献，以天子之礼厚葬伊尹，并尊称他为圣人。

诗文链接

行路难（节选）

唐·李白

金尊清酒斗十千，玉盘珍羞直万钱。

停杯投箸不能食，拔剑四顾心茫然。

欲渡黄河冰塞川，将登太行雪满山。

闲来垂钓碧溪上，忽复乘舟梦日边。

行路难，行路难，多歧路，今安在？

长风破浪会有时，直挂云帆济沧海。

武王伐纣

周文王恭请姜太公出山辅佐

　　牧野之战是武王伐纣时的决胜战，是周武王联军与商朝军队在牧野进行的决战。帝辛（商纣王）先征西北的黎，后平东南夷，虽取得胜利，但穷兵黩武，加剧了社会矛盾，最后兵败自焚，商朝灭亡。故《左传》称："纣克东夷而损其身。"

一次军事演习

周文王姬昌为了推翻商纣的暴政而求得了姜太公的辅佐，犹如猛虎长出翅膀；姜太公得到姬昌的重用，仿佛游鱼入海，周氏一族的实力越发强盛，而这时的商朝和纣王则成了周文王扩大统治、增强国力的最大阻力。商、周之间的矛盾冲突日益加剧。

军事实力增强之后，文王姬昌的首要目标就是消灭崇侯虎这个敌人，不仅因为崇侯虎曾害文王坐了七年的冤狱，害死了文王的长子伯邑考，还因为他是商纣王麾下的一员得力猛将。文王与崇侯虎之间作战的详细经过，由于历史原因，现在已经很难知晓，但从商朝灭亡的最终结局不难看出，通过这场战役，文王的实力经受住了考验。

伐崇之后，姬昌迁都到丰邑，继续实施姜太公"文韬武略"的政策。此时商纣王的昏庸与周文王的贤明形成强烈对比，诸侯纷纷归附周国，世人有言："天下三分，其二归周，太公之谋居多。"然而遗憾的是，姬昌没能看到周国最后的胜利，便过早离世了，后人尊其谥号为"文王"。文王次子姬发顺理成章地接任周国的君主之位，史称"周武王"。

武王为扩大东部国土，奠定伐纣的基础，迁都到了沣水东岸的镐京。在位期间，他十分尊敬姜太公，称他为"尚父"，继续施行姜太公的军事策略。后人将姜太公的军事理念汇编成书，取名《六韬》。该书以周文王、周武王与姜太公的对话组成，有讨论治国用人的《文韬》、讲用兵之法的《武韬》、讨论军事组织的《龙韬》、讨论战争环境及武器布阵的《虎韬》、讨论战略战术的《豹韬》和讨论军队指挥训练的《犬韬》，共计六部分。周国的军队实力在武王和姜太公的训练下日益强大，恰逢商朝连年对外

周武王蜡像

图说

　　周武王有着宽广的心胸和长远的眼光，同时有着果断的处事能力，看到商朝的无道，他打出了为民请命、替天行道的旗号来获得广大人民群众的拥护，从而扩大了自己的实力和影响力。在伐纣的过程中，他以大无畏的精神亲自带领兵马直捣朝歌，打了纣王一个措手不及。同时，周武王有着杰出的个人魅力，也因此受到人们的爱戴，这也是他获得人们支持的一个重要原因。

征战，纣王的统治越发荒淫无道，商朝对周国的紧逼有所放松，于是武王决定在孟津进行一次军事演练，一方面可以检验军队的训练成果；另一方面借此观察各路诸侯国对伐纣的态度、归附周国的决心。

"孟津观兵"可谓中国历史上的第一次军事演习。据说参与其中的诸侯国达八百个，大家义愤填膺，同仇敌忾，异口同声地高呼："打啊！打啊！""商朝早就该灭亡！""纣王昏庸无道！"面对这样激愤热烈的场景，武王却表现出了出奇的冷静，下令军队撤退。在场的不少人感到不可思议，心想形势如此之好，将士们齐心协力，为什么不一鼓作气渡过黄河，直接打到朝歌去呢？后来的事实说明，原来这才是姜太公兵法的精髓，没有十成把握的仗不打，一旦开战必定取胜！

牧野鹰扬

这次观兵的目的，是武王要实测一下各路诸侯的动向。既然达到了目的，那就应该撤兵，如果盲目冲动，恐怕后果很难预测。战场上瞬息万变，冒出贪念的时候，往往也是失败的开始。武王深刻理解这个道理。"孟津观兵"之后过了两年，纣王杀死比干，囚禁箕子，商朝呈现瓦解灭亡之势。此时，商朝军队正在东方作战，都城朝歌十分空虚。武王得到这些消息之后，不再犹豫，决定出兵。出兵之前，武王按照从商朝学来的习惯，先要算个卦。不料，姜太公很生气，一脚踢飞了用于算卦的草棒，很严厉地批评武王说："我们干的是大事业，难道还能听命于这些朽木枯草吗？"

武王站在点将台上，庄严誓师，历数商纣王的主要罪行，勉励军士和助战的诸侯勇往直前。史官把这件事记录下来，写成《牧誓》。

延伸思考

你能讲讲"武王伐纣"的故事吗？

盟誓之后，周军直扑朝歌，一路势如破竹，很快就杀到了距离都城70里的牧野。纣王慌了，急忙找人打仗，可是主力军队远在东南地区，无法即时征调。于是，纣王命人打开监狱，放出被囚禁的奴隶和战俘，匆匆忙忙组织起多达17万人的临时军队，开赴牧野迎战。

现在想想，周武王的慎重是不是有道理呢？毕竟商朝统治了六百多年，这种情况下都能组织起17万人，自己那点儿人马怎么够呢，而且八百路诸侯吆喝得多，真正出力的少。

4.5万人对17万人！这样的战争不能拖延，只能速战速决。姜太公以战车为前驱，后面跟着三千虎贲精锐，狂

牧野之战·壁画

风骤雨般冲向了商朝的队伍。这时，谁也想不到的情况出现了。看到周军气势汹汹地杀来，商朝的临时军队忽然掉转武器，杀向自己这边，临阵倒戈。最终，战斗当天结束。

纣王站在鹿台，亲眼目睹了商朝的失败，再也没有回天之力。绝望之余，纣王放火自焚于鹿台。

关于这场中国历史上以少胜多、以弱胜强、先发制人的战争，《诗经·大雅·大明》这样记载："牧野洋洋，檀车煌煌，驷騵彭彭。维师尚父，时维鹰扬。凉彼武王，肆伐大商。"

🔗 **诗文链接**

周颂·武

先秦·佚名

於皇武王，无竞维烈。

允文文王，克开厥后。

嗣武受之，胜殷遏刘，耆定尔功。

周公辅成王

河南洛阳周公庙

"周公吐哺，天下归心"出自东汉政治家、军事家、文学家和诗人曹操的诗歌《短歌行》。"周公"两字画龙点睛，这里拿"周公"做自喻，咏叹出曹操求贤若渴的心

曹 操

图说

曹操（155—220），字孟德，一名吉利，小字阿瞒，沛国谯县（今安徽亳州）人。东汉末年杰出的政治家、军事家、文学家、书法家，三国中曹魏政权的奠基人。

曹操曾担任东汉丞相，后加封魏王，奠定了曹魏立国的基础。去世后谥号为武王。其子曹丕称帝后，追尊为武皇帝，庙号太祖。

愿，点明了全诗的主旨。关于"周公吐哺"的典故，据说周公曾自言："吾，文王之子，武王之弟，成王之叔父也；又相天下，吾于天下，亦不轻矣。然一沐三握发，一饭三吐哺，犹恐失天下之士。"周公因胸怀宽广，一心为国，被世人奉为道德楷模。

周公吐哺

　　周武王建立了周王朝以后，过了两年就生病死了。他的儿子姬诵继承王位，就是周成王。那时候，周成王才13岁，而且刚建立的周王朝还不大稳固，于是由武王的弟弟周公旦辅助成王掌管国家大事，实际上是代理天子的职权。历史上通常不称周公旦的名字，只叫他周公。

　　周公的封地在鲁国，因为他要留在京城处理政事，不能到封地去，等他的儿子伯禽长大了，就派伯禽代他到鲁国去做国君。

　　伯禽临走的时候，问他父亲有什么嘱咐。周公说："我是文王的儿子，武王姬发的弟弟，当今天子的叔叔，你说我的地位怎么样？"

周公戎装雕像

伯禽说："那自然是很高的了。"

周公说："对呀！我的地位确实很高，但是我每次洗头发的时候，一碰到急事，就马上停止洗发，把头发握在手里去办事；每次吃饭的时候，听说有人求见，我就把来不及咽下的饭菜吐出来，去接见那些求见的人。我这样做，还怕天下的人才不肯到我这儿来呢。你到了鲁国，只不过是个国君，可不能骄傲啊！"

伯禽连连点头，表示一定谨记父亲的教导。

平定三监

延伸思考

你从周公辅成王的故事里得到了哪些启示？

周公尽心尽力辅助成王，处理国政，可是他的弟弟管叔、蔡叔却在外面造谣，说周公有野心，想要篡夺王位。

纣王的儿子武庚虽然被封为殷侯，但是受到周朝的监视，觉得很不自由，巴不得周朝发生内乱，重新恢复他殷商的王位，就和管叔、蔡叔串通一气，联络了一批殷商的旧贵族，还煽动东夷的几个部落，闹起叛乱来。

武庚和管叔等人制造谣言"周公要做出不利于成王的事"，闹得镐京沸沸扬扬，连召公奭听了也怀疑起来。成王年小不大懂事，更闹不清是真是假，对这位辅助他的叔父也有点信不过。

周公处境十分艰难，经过一番考虑后，他首先向召公奭表明他绝没有野心，希望召公奭顾全大局，不要轻信谣言。召公奭被他这番诚恳的话所感动，消除了误会，重新和周公合作。周公在安定了内部之后，毅然调动大军，亲自率领大军东征。

这时候，东方有几个部落像淮夷、徐戎等，都配合武庚，蠢蠢欲动。周公下命令给太公望，授权给他：如果各国诸侯有图谋不轨的，都由太公望征讨。这样，由太公望控制了东方，周公自己全力对付武庚。

经过了三年的艰苦作战，周公终于平定了武庚的叛乱，造谣的人也都得到了应有的下场：武庚被杀；管叔无颜再回镐京，于是上吊自尽；蔡叔被判充军；霍叔被革职查办。

在周公东征的过程中，一大批商朝的贵族成了俘虏。因为他们反抗周朝，所以叫他们"顽民"。周公觉得让这

《营建洛邑》（壁画）

图说

洛邑，是周代国都洛阳的古称，今河南洛阳"八方之广，周洛为中，谓之洛邑"。《尚书》称"土中""洛师""洛邑""新邑洛""东国洛"。周代金文称"成周""中国""王（城）"等。洛邑瀍水东西两岸分别为成周城和王城。周平王迁都洛邑，标志着东周列国时代的开始。

批人留在原来的地方不太让人放心；同时，又觉得镐京在西边，要控制东部的广大中原地区很不方便，就在东边新建一座都城，叫洛邑（今河南省洛阳市），把殷朝的"顽民"都迁到那里，派兵监视他们。

从那以后，周朝就有了两座都城。西部是镐京，又叫宗周；东部是洛邑，又叫成周。

周公辅助成王执政了七年，总算把周王朝的统治巩固下来，他还制定了周朝一套典章制度。到周成王满二十岁的时候，周公把政权交给周成王。

从周成王到他的儿子康王两代，前后约五十多年，是周朝强盛和统一的时期，历史上叫作"成康之治"。

诗文链接

杂 兴

唐·李颀

沈沈牛渚矶，旧说多灵怪。行人夜秉生犀烛，洞照洪深辟滂湃。

乘车驾马往复旋，赤绂朱冠何伟然。波惊海若潜幽石，龙抱胡髯卧黑泉。

水滨丈人曾有语，物或恶之当害汝。武昌妖梦果为灾，百代英威埋鬼府。

青青兰艾本殊香，察见渊鱼固不祥。济水自清河自浊，周公大圣接舆狂。

千年魑魅逢华表，九日茱萸作佩囊。善恶死生齐一贯，祇应斗酒任苍苍。

大器晚成的春秋霸主

宋·李唐《晋文公复国图》（局部）

　　在春秋争霸中，各路诸侯你方唱罢我登场。其中的宋襄公、郑庄公等人只不过是昙花一现的人物，真正在齐桓公之后建立长期霸权的人是晋文公。

　　晋文公名字叫重耳，是晋献公的儿子。晋文公的成长经历中，充满了艰险和磨难。他的父亲晋献公在他夫人死了以后，把他最宠爱的骊姬立为夫人。骊姬想立自己的儿子奚齐为太子就逼死了太子申生，并且要阴谋杀害比奚齐年长的公子重耳和夷吾。重耳和夷吾只得分别逃到国外去避难。

重耳少有大志，他早在年轻的时候就结交了许多贤士，有赵衰、狐偃、贾佗、先轸、魏武子等，号称"文公五贤人"。晋文公从四十三岁起逃难，到即位的时候，已经六十二岁了，算起来，在外颠沛流离，前后整整十九年。长期的流亡生活，使重耳和他手下的那班大臣磨炼了意志，增加了见识，增长了政治才干。重耳当了国君以后，注意整顿国内政治，发展生产，安定人心，晋国很快强盛起来了。

赵衰画像

重耳的流亡生涯

重耳逃离晋国后，一直在翟国避难，翟国对他非常好，翟国是他母亲的祖国，翟国国王把自己的女儿嫁给了他，他一共在翟国住了十二年。晋献公死后，公子夷吾在秦穆公的帮助下，于周襄王二年（前650）回国当了国君，就是晋惠公。此时惠公手下的大臣就给他进言，说："重耳流落在外，终归是个祸害，不如想法把他杀了。"晋惠公就打发一个叫勃提的人去刺杀重耳。但是翟国的国君保护了重耳，使得他免遭祸殃。

重耳在翟国住的时间长了，有一天，他和赵衰等人商量道："我当初逃到翟国，是因为翟国离我们国家近，也因为这地方可靠，但在这里住这么久，也给他们国家带来了很多麻烦。我很早就想到齐国去，齐桓公是一个有深谋远虑的人，现在他的国家也正缺人，我想现在就启程，不知你们以为如何？"

赵衰他们同意重耳的意见。于是他们就准备出发。

临行的那一天，他们和国王告别，重耳来到了自己妻子的面前，说："我走以后，你要受苦了，你等我二十五年，我要是不回来，你就改嫁。"

他的妻子止住了哭泣，轻声笑着说："等到二十五年，也许我的坟墓上的柏树已经长高了。虽说这样，我还是会等你的，直等到死，等到来生。"

重耳这个时候已经是四十多岁的人了，他泪眼模糊地告别了妻子。

要从翟国到齐国去，必须经过卫国。卫文公却不放重耳进城。没有办法，他们只好绕着道走，一路上无依无靠，又没有干粮，只好沿路乞讨。一天，他们走到了卫国一个叫五鹿（今河南濮阳东南）的地方，实在饿得厉害，正瞧见几个庄稼人在吃饭。重耳他们看得更加饥饿，就叫人向他们讨点吃的。

庄稼人懒得理他们，其中有一个人跟他们开个玩笑，

晋文公雕像

图说

晋文公，姬姓，名重耳，是中国春秋时期晋国的第二十二任君主，他谦虚而好学，善于结交有才能的人，例如狐偃、先轸、赵衰、贾佗、魏犨等人。同时他也是春秋五霸中第二位霸主，也是先秦五霸之一，开创了晋国长达百年的霸业，与齐桓公并称"齐桓晋文"。

拿起一块泥巴给他们。重耳冒了火，他手下的人也想动手揍人了。随从狐偃连忙拦住，接过泥巴，安慰重耳说："泥巴就是土地，百姓给我们送土地来啦，这不是一个好兆头吗？泥土象征着土地，这正是上天的恩赐，得土意味着得国啊！"

贤女齐姜

重耳一班人流亡来到齐国，那时齐桓公还在，齐桓公听说重耳前来投奔，马上派人去迎接，给他们安排住处，供给车马，送米送肉，招待十分周到，还把本家的一个美女齐姜嫁给重耳做夫人。重耳非常感激，更加敬佩齐桓公。他们在齐国一住就是七年。周襄王九年（前643）齐桓公逝世了，齐国的五个公子争夺君位，国势渐衰，跟随重耳的几个人商量要离开齐国。

随从们背着重耳，聚集在桑树林里商量回国的事。没想到桑树林里有一个女奴在采桑叶，把他们的话偷听了去，回去后就一五一十地告诉了齐姜。齐姜对重耳说："听说您要离开齐国了？"重耳说："谁说的？这里挺舒服，有你陪伴着，我还到哪儿去？"齐姜劝他说："您放心走吧！一味贪图安乐，会把您毁了。再说，夷吾现在已经闹得众叛亲离，晋国连年不得安宁，公子乘这个机会回国，一定能够得到君位，创立霸业。"可重耳还是不听。

当天晚上，姜氏和重耳的随从们商量好，把重耳灌醉了，放在车里，送出齐国，等重耳醒来，已离开齐国很远了。重耳气呼呼地说："这次逃跑，如果成功，就算了。如果不成功我剥了你的皮，吃了你的肉！"重耳无可奈

重耳剑

何，只好和大家一起上路。

重耳一行人来到曹国。曹共公是个贪图吃喝玩乐的人，他周围的大臣，也多是趋炎附势的小人，对重耳这个落难公子不愿理睬。所以，重耳只在曹国住了一夜，第二天就动身去宋国了。

退避三舍报楚王

宋襄公在泓水之战中大腿受了伤，正在养病。他虽然被楚兵打败，但称霸之心还没有死，总想找几个能人帮助他重整旗鼓，报仇雪恨。如今听说重耳来投奔他，高兴极了，立刻就派公孙固去迎接，吩咐要用国君的礼节招待重耳。可是宋襄公心有余，力不足。加上病势越来越重，哪有力量帮助重耳回国呢？狐偃等人看到这情况，只好告别宋国君臣，来到了楚国。

楚成王非常隆重地欢迎重耳，用招待国君的礼节招待他。楚成王对重耳越恭敬，重耳表现得越谦逊。有一天，重耳和楚成王两人谈得正高兴，楚成王问重耳："公子如果回到晋国，怎样报答我呢？"重耳说："金银珠宝，您多得很，珍禽异兽，本是楚地的特产，我真不知道拿什么报答您。"楚成王笑着说："那就不酬谢我了？"重耳想了想，说："如果托您的福，我能够回到晋国，一定和楚国和睦相处，将来万一两国打起仗来，我一定命令晋军退避三舍，来报答您的恩情。"古时候行了军，三十里为一舍，退避三舍，就是后退九十里。楚成王只当重耳是说笑话，自己笑了笑也就过去了。楚将成得臣可气坏了，他对楚成王说："重耳妄自尊大，他竟然想将来跟咱们较量，野心不小，趁早把他杀了吧？免得以后吃他的亏。"

楚成王不同意成得臣的意见，正好秦穆公派人来接重耳，就把重耳送到秦国去了。

原来秦穆公曾经帮助重耳的异母兄弟夷吾当上了晋国的国君。没想到他反倒跟秦国作对，还发生了战争。夷吾一死，他的儿子又同秦不和，秦穆公才决定帮助重耳回国。

重耳到了秦国，秦穆公热情招待，还把女儿怀嬴改嫁给了重耳。

周襄王十六年（前636），秦国护送重耳的大军过了黄河，秦国大将公子絷护送重耳过河之后，一连打下好几座城。晋军大将吕省、郤芮眼看秦军势不可挡，又见人心

晋文公墓

延伸思考

你还知道哪些关于晋文公的小故事呢？

都向着重耳，就跟公子絷订立盟约，投降了。晋怀公弃城逃跑，不久被人刺死，晋国的文武大臣拥立重耳为国君，就是晋文公。

诗文链接

割肉奉君尽丹心，但愿主公常清明。

柳下作鬼终不见，强似伴君作谏臣。

倘若主公心有我，忆我之时常自省。

臣在九泉心无愧，勤政清明复清明。

——介子推写给晋文公的血诗

小人物有大智慧

毛遂墓

　　战国末年，秦国和赵国之间爆发了一场惨烈的战役——长平之战。长平一战，赵国损兵折将40多万人，从此一蹶不振。过了两年，秦军又向赵国发起进攻，占领了很多地方，连赵国国都邯郸也给包围了。形势十分危急，

毛遂雕像

赵国的国君见国都被围，急得像热锅上的蚂蚁，就把平原君找来想办法。平原君的门客毛遂挺身而出，在出使楚国的过程中依靠自己的勇气和智慧，终于促成了赵国与楚国的联盟，从而挽救了赵国的危亡。而毛遂自荐的故事，至今也被人们传为美谈。

临危受命

在秦国的汹汹攻势下，赵国摇摇欲坠。赵王没有办法，只好召见他的叔叔平原君赵胜商议对策。平原君见了赵王说："现在国都被围，形势危急，光靠咱们赵国自己的力量恐怕难以保住国都，只好向楚、魏求救。魏国和我们关系还可以，而且我和魏公子信陵君交情很深，我写封信去，估计会派救兵来。只是楚国离我们较远，楚王又害怕秦国，不定会答应出兵。但楚是大国，举足轻重，必须争取它的帮助，我打算亲自到楚国去一趟，说服楚王派兵，您看如何？"赵王一听非常高兴，就点头同意了。

那时，许多国家的重臣都喜欢结交和收养有一定本领的人，做他们的"门客"，给他们出谋划策，并借此提高自己的声望，维持和巩固自己的地位。齐国的孟尝君、魏国的信陵君、楚国的春申君和赵国的平原君，都收养着很多门客，在当时有很大名气，被称为"战国四公子"。平原君回来把这件事同门客说了，决定在门客中挑选20个文武双全的人跟他一起到楚国去说服楚王出兵救赵。平原君挑来挑去，只选出了19个人，别的人不是没有口才，就是脾气太差，平原君感慨万分，说："唉，花了几十年，养了这么多客，如今连20个管用的人也选不出来，全才实在太少了。"这时，从后面角落里传来一个声音："公子看，我能不能凑个数啊？"平原君并不认识说话的人，就问："先生尊姓大名？"那人回答说："姓毛名遂。"平原君想了想，好像不记得有这么一个门客，只见这人长得五大三粗，一副自信的样子，三步两步就走到了平原君的面前。平原君以怀疑的目光打量着他，那人道："也许先生不大认识我，我就是您的学生，您要选20个人到楚国现在还少一个人，我可能就是您要找的最后一个人。"

底下的人发出一阵轻轻的笑声，有的人在窃窃私语，大家都很轻蔑地瞧着毛遂。平原君见这人如此冒失，一点也不谦虚，就问："你在我的门下有几年了？"

毛遂说："3年了。"下面又是一阵哄笑。

平原君慢慢地说："我听人说，贤能之士就像一个锥子放在袋子里，它的尖子很快会从袋中露出来的。你在我的门下已经3年了，你并没有做出什么重要的事使得大家称颂你，我也没听说你有什么大的能耐。这就证明你的本事是十分有限的。我看你还是留下吧。不过，你的这种精神倒是值得大家学习的。"

毛遂听到平原君这番明显瞧不起自己的话，也不急也不慌，也不脸红，他依旧信心十足地说："先生你说得很对，我以前之所以没有露出尖来，就因你没有把我放到袋子里去，今天学生正是请求先生把我放到袋子里去。"

平原君这时在心里已经从一开始的轻视，到现在的非常喜欢这毛头小伙子了。瞧着他那自信的样子，瞧着他那不同凡响的谈吐，他已经感到有一个"尖"要露出来。于是，他就带上了毛遂，到楚国去执行国家的重大使命。其

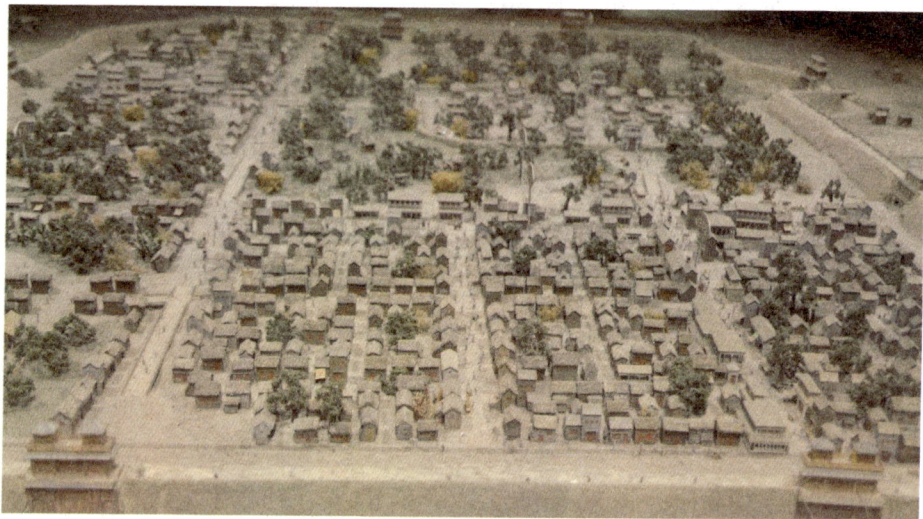

楚郢都故址纪南城沙盘模型

他19个人都笑话他，他们一路上经常私下拿他开玩笑。

崭露锋芒

　　平原君到了楚国，就和楚王商量合纵之事，但是楚王一开始不是顾左右而言他，就是申说自己的国家目前是如何如何的困难，打不起这场战斗，最后推说楚国的国力有限，要是得罪了秦国这样的大国，日后将难以在诸侯国中立足，任凭平原君怎么说，楚王就是不答应。平原君从早上一直讲到中午，嘴皮都说干了，但是楚王似乎毫不为其所动，真把平原君急得满头大汗。

　　平原君的门人在下面听得都不耐烦了，有一个人说："这位毛遂先生不是夸下海口，说他能说服楚王的吗？现在正是机会，你赶快上。"

　　毛遂瞧了他们一眼，大步流星地走了上去，他一只手按着剑两道剑眉怒竖，一双大眼睛闪着不容怀疑的光芒，只见他走到平原君的身旁，说道："先生，合纵抗秦之利害关系两句话就能说清楚，怎么和他从早上就说起，说到了中午，还没有说成？"

　　楚王看到这位不速之客，说道："这是何人？"

　　平原君说："是我的门人。"楚王喝道："还不给我下去，我正和你家先生商量大事，你来干什么？"

　　毛遂按着剑，有意地向楚王面前走了一步，大声说道："你之所以对我无礼，是因为你坐在家里，倚仗着你们人多，但是就在这十步之内，你能显示出你楚国人多的优势吗？大王的性命实际上就握在我毛遂的手里。我家主人就在你的面前，你为什么对我无礼，人们常说，打狗还要看主人面，你对我无礼，实际上就是侮辱我家主人。"

楚王被他说得一愣，不知如何作答。

毛遂继续说："我听说，商汤当时只有70里地，但是后来他取得了天下，周文王只有百十里之地，后来诸侯们都向他俯首称臣，可见，国家的兴盛，不在于士兵和土地的多少，而靠的是仁义，靠的是势力，今天楚国方圆有五千里，将士有百万，这正是称霸的基础，以楚之强大，天下谁能抗衡？但是可悲的是，白起只是一个非常一般的将领，率领的人马还不足一万，但他却能一而再，再而三地打败你们楚国，不但占领了你们重要的战略要地，还辱没了你们楚国的先人。这真是你们楚国百世的遗憾之事，连我们赵国人，都为大王而害羞。但是你却不以此为耻，在家里睡大觉，你等着别人来彻底消灭不成！我家大王提出合纵之术，不只是为了赵国，也是为了你们楚国。真是不知好歹，还当着我家主人的面侮辱我，你这到底是为哪般？"

楚王被这个毛头小伙子教训了一顿，而且还句句在理，心里想，赵国真是人才辈出，和他们结盟也许不是一件坏事。就说："那就依这位毛先生的话，我们楚赵两国结成联盟，为了我们两国的共同利益来抵抗秦军。"

毛遂怕只是敷衍，便说："合纵的战略是不是就定下了？"

楚王说："当然是定了。"

毛遂就对站在台下的楚王的手下人说："快取鸡血、狗血、马血来。"

一会儿，血取上来了，毛遂接过盘子，跪在楚王的面前把血举到楚王的胸前，说："请大王歃血为盟，你先

延伸思考

看完这个小故事，你认为毛遂身上具有哪些好的品质呢？

来，接下来是我家主人，再就是我。"楚王依此照办了。

由于毛遂的勇敢和智慧，结成了楚赵之盟，楚王派春申率领八万大军救赵，对解邯郸之围起到了极大的作用。从此，毛遂成为了平原君的一等宾客。

平原君赵胜

图说

　　赵胜（？—前251），战国四公子之一，赵国贵族。赵武灵王之子，赵惠文王之弟。因贤能而闻名。他礼贤下士，门下食客至数千人，和朋友关系处理得很好。但不注意礼貌对待平民，后在一名门客的建议下和平民搞好了关系，威名大震。

🔗 **诗文链接**

少年行

唐·张昌宗

少年不识事，落魄游韩魏。珠轩流水车，玉勒浮云骑。

纵横意不一，然诺心无二。白璧赠穰苴，黄金奉毛遂。

妙舞飘龙管，清歌吟凤吹。三春小苑游，千日中山醉。

直言身可沉，谁论名与利。依倚孟尝君，自知能市义。

喋血长平：先秦时代的挽歌

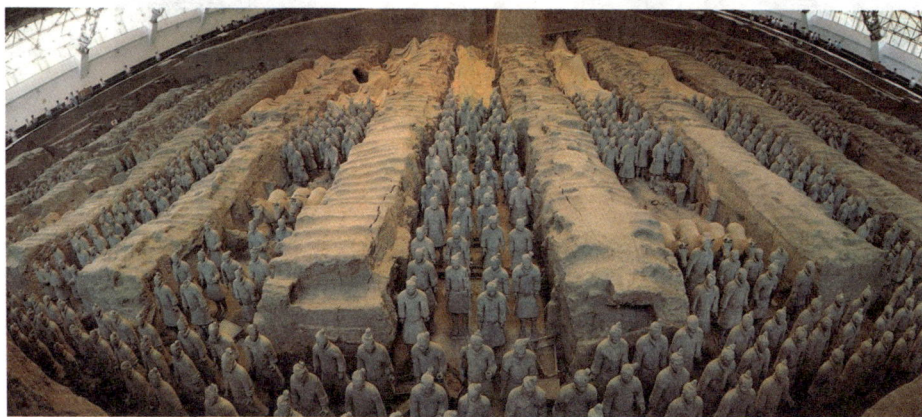

秦始皇陵兵马俑一号坑

兵马俑，即秦始皇兵马俑，简称秦兵马俑或秦俑，全国重点文物保护单位，中国世界遗产，位于今陕西省西安市临潼区秦始皇陵以东1.5千米处的兵马俑坑内。

1974年3月，陕西临潼县晏寨的农民在骊山秦始皇陵东侧约 1500 米的地方打井，不料意外地挖出了一些陶俑，后经国家文物部门发掘清理，发现该处原来是由丞相李斯规划设计的秦始皇陵兵马俑随葬坑，于是，将该处定为一号坑。1976 年 5 月和 6 月又分别在一号坑东端北侧和西端北侧发现了二号坑和三号坑。一号坑面积为 14260 平方米，推算有 6000 多个兵马陶俑，组成以步兵为主的长

兵马俑

图 说

兵马俑按照不同身份分为将军俑、军吏俑、武士俑等几个级别，其服饰、冠带、神姿各不相同，千姿百态，令人惊奇的是几千件俑没有一张相同的脸。兵马俑是雕塑艺术的宝库，为中华民族灿烂的古老文化增添了光彩，也给世界艺术史补充了光辉的一页。

方形军阵。二号坑平面呈曲尺形，面积6000平方米，有900多个陶俑、470多匹陶马和89辆木质战车，是一个以战车、骑兵为主，步、弩诸兵种联合编组的军阵。参观兵马俑的新加坡前总理李光耀说："这是世界的奇迹，民族的骄傲。"法国前总理希拉克说："世界上有七大奇迹，现在要加上秦俑。不看金字塔，不算真正到过埃及；不看秦俑坑，不算真正到过中国。"

兵马俑是古代墓葬雕塑的一个类别。古代实行人殉，奴隶是奴隶主生前的附属品，奴隶要作为殉葬品为奴隶主陪葬。兵马俑即制成兵马（战车、战马、士兵）形状的殉葬品。

延伸思考

你见过兵马俑吗？能说说你看到兵马俑时的感受吗？

临阵换将

公元前262年，秦昭王派大将白起攻打韩国，占领了野王城，切断了韩国上党郡和国都的联系。韩国想献出上党郡向秦求和，但是上党郡郡守冯亭不愿降秦，请赵国发兵取上党郡。

昭襄王四十七年（前260），秦派左庶长王龁攻韩，夺取上党郡。上党郡的百姓纷纷逃往赵国，赵驻兵于长平，以便镇抚上党郡的人民。四月，王龁攻赵。赵国派廉颇为将抵抗。六月，赵军退败。七月，赵军筑垒壁进行防守。秦军又攻赵军垒壁，获胜。

双方僵持多日，赵军损失巨大。廉颇根据敌强己弱、初战失利的形势，决定采取坚守营垒以待秦兵进攻的战略。秦军多次挑战，赵国却不出兵。赵王为此屡次责备廉颇。秦相应侯范雎派人携千金向赵国权臣行贿，用离间计，散布流言说："秦国所痛恨、畏惧的，是马服君赵奢之子赵括；廉颇容易对付，他快要投降了。"赵王既怨怒廉颇连吃败仗，士卒伤亡惨重，又嫌廉颇坚壁固守不肯出战，因而听信流言，便派赵括替代廉颇为将，命他率兵击秦。

坑杀降卒

赵括上任之后，一反廉颇的部署，不仅临战更改部队的制度，而且大批撤换将领，使赵军战斗力下降。秦国见赵国中了计，暗中命白起为将军，王龁为副将。赵括虽自大骄狂，但他畏惧白起为将，所以秦王下令"有敢泄武安君将者斩"。

白起面对鲁莽轻敌、高傲自恃的对手，决定采取后退诱敌、分割围歼的战法。他命前沿部队担任诱敌任务，在

山西长平之战纪念馆

赵军进攻时，佯败后撤，将主力配置在纵深构筑袋形阵地，另以精兵5000人，楔入敌先头部队与主力之间，伺机割裂赵军。8月，赵括在不明虚实的情况下，贸然进攻。秦军假意败走，暗中张开两翼设奇兵挟制赵军。赵军乘胜追至秦军壁垒，秦早有准备，壁垒坚固不得入。白起令两翼奇兵迅速出击，将赵军截为三段。赵军首尾分离，粮道被断。秦军又派轻骑兵不断骚扰赵军。赵军见战势危

长平之战

图说

长平之战是战国时代的转折点，战后，秦国连年灭掉韩、赵、魏三国，后又灭楚、燕、齐，中国成为统一的国家。长平之战是中国古代军事史上最早、规模最大、最彻底的包围歼灭战。

急，只得筑垒壁坚守，以待救兵。秦王听说赵国的粮道被切断，亲临河内督战，征发十五岁以上男丁从军，赏赐民爵一级，以阻绝赵国的援军和粮草，倾全国之力与赵作战。

延伸思考

讲讲长平之战的故事，说说秦国为什么能战胜赵国？

到了九月，赵兵已断粮四十六天，饥饿不堪，甚至自相杀食。赵括走投无路，重新集结部队，分兵四队轮番突围，终不能出，赵括亲率精兵出战，被秦军射杀。赵括军队大败。四十万士兵投降白起。白起使诈，把赵降卒全部坑杀，只留下二百四十个小兵回赵国报信。赵国上下为之震惊。

经过这次战斗，赵国的青壮年男子全部死在长平，赵国国力大损，而秦国的国家实力却变得更加强大，为后来统一六国奠定了基础。

诗文链接

廉 颇

元·徐钧

遗矢谗言弃老成，肉多饭健尚精神。

可怜一点狐丘志，到死犹能用赵臣。

从"群雄逐鹿"到"一统天下"

陕西西安阿房宫遗址公园

秦始皇（前259—前210），嬴姓，名政，秦庄襄王之子。中国历史上著名的政治家、战略家、改革家，首位完成华夏大一统的政治人物，也是古今中外第一个称皇帝的君主。

千古一帝

秦始皇嬴政，是中国古代第一个皇帝，是中国历史上著名的政治家、战略家、改革家，是古今中外第一个称皇帝的封建君主，并把中国推向了大一统时代。

秦始皇出生的时候，秦国的国力就已经十分强大了。十三岁的时候，秦始皇的父亲去世了，他继承了王位。

秦始皇依靠秦国的将士们东征西讨，在短短的十二年间先后灭掉了韩国、魏国、楚国、燕国、赵国和齐国，结束了战国时期的割据局面。公元前221年，秦始皇统一了六国。

他觉得自己的功劳比古代传说中的三皇五帝还要大，所以不能再用王的称号，应该用一个更加尊贵的称号才配得上自己。于是就采用了"皇帝"的称号。他是中国第一位皇帝，就自称始皇帝，他对手下大臣说："我今天建立的江山，千秋万代不会变颜色，我就是始皇帝，我以后的皇帝就是二世、三世直到万世。"

秦始皇统一六国后，做了一系列的大事情：他采用了李斯的建议，废除了分封的办法，改用郡县制，把全国分为三十六个郡，郡下面再分县。每个郡县都由中央任命三个官员去管理，这三个官员分别是郡守、郡尉和郡承。郡守负责一个郡的最高行政；郡尉主管一个郡的治安和军事；郡承负责一个郡的监察工作。

地方上的管理办法确定了，中央政府的组织机构也逐渐定型了。秦始皇规定中央朝廷里设置丞相、御史大夫、太尉、廷尉、治粟内史等几个重要的官职，协助皇帝治理国家。丞相设置两个，左丞相和右丞相，都是皇帝的助手，协助皇帝治理国家大事。按照官阶领取薪水，一律不能世袭。

秦始皇画像

图说

　　秦始皇是中国历史上一位叱咤风云、富有传奇色彩的划时代人物，是中国历史上第一个大一统王朝——秦王朝的开国皇帝，对中国和世界历史产生深远影响，把中国推向大一统时代，奠定中国两千余年政治制度基本格局，被明代思想家李贽誉为"千古一帝"。

秦始皇建立的这一套封建专制的体制，对后代的影响特别大。后来的各个王朝实行的政治体制，大体上是在秦朝的制度上逐步完成的。

丰功伟绩

战国时期，商业已经相当发达，货币的使用已经很普遍，但是各国的货币形状、大小、轻重都不一样。齐国的货币样子像刀，赵国的货币样子像铲。货币的计算单位也不一致。秦始皇规定：以后一律使用方孔圆钱，每个钱重半两。各国的旧货币全部废除，一律不准在市面上流通。

原先六国的度量衡也是不统一的，尺寸、升斗、大小都不一样：在这个国家买一尺布，到另一个国家只能算八寸；在这个国家买一石米，到另一个国家只有九升；在这个国家里一斤重的东西，到另一个国家就变成了九两……

方孔圆钱

度量衡这样混乱，和一个统一国家的政权是非常不相适应的，人们的生活也很不便利。秦始皇下令规定了统一的度量衡之后，全国的计量单位全部一致了，不许再乱来。

秦始皇不仅统一了法制和度量衡，还统一了文字。小篆就是那时候秦朝的通用文字。这时候的秦国真的是一个大国，其土地东到大海，西到阴山，北抵长城，南到岭南。秦始皇把天下的财富都聚集到了咸阳，在渭水之滨建立了豪华的建筑和宫殿，诸侯中的美女和乐器也被集中到咸阳，供他享用。

秦始皇到东方去巡视，在泰山上设立祭坛，祭祀泰山。那天下山的时候，天上突然下起了大雨，他到一棵树下避雨，后来他把这棵树封为"五大夫"。

秦始皇统一中国以后所实行的废分封设郡县，统一货币、度量衡、文字等制度，都是有利于加强全国统一，有利于社会经济文化进一步发展的。这是秦始皇的巨大功绩。

千秋功过秦始皇

又过了几年，李斯上表秦始皇说："如今我们虽然统一了国家，但是人们的思想却还没有统一。在我们的国家什么思想都有，人们以自己想法来非议国家，标新立异，招摇撞骗。这对朝廷的统治是很危险的，我看皇帝不如把不是秦国的史书全部烧毁，除非是朝廷掌管文书的人，谁私藏《诗经》《尚书》和诸子百家的书，都要交给朝廷，都要集中在一起烧掉。以后有偷偷谈论古书内容的人，处以死刑。借古代道理攻击当前政治的，满门抄斩。"

☀ 延伸思考

你见过古时候的文字吗？你觉得文字有什么作用？

秦始皇听从了李斯的话，大火烧了几十天，无数古代的文化典籍被付之一炬。秦始皇又在渭水之滨建立阿房宫，当时动用了70多万人，阿房宫的规模之巨大，装饰之豪华，实属历史罕见。后来阿房宫被项羽一把大火全部烧光。

为了防御北方匈奴人的入侵，秦始皇又征用民夫，把以前秦国、赵国和燕国的长城连接了起来，新修造了

秦代长城遗址

图说

一条蜿蜒的巨龙盘亘静卧于崇山峻岭之间。远远望去，雄伟壮观，气势非凡。这就是世界八大奇迹之一，被列为国家级重点文物保护单位的秦长城。

青铜剑

不少城墙。这样从西面的临洮到东面的辽东，连成了一条万里长城。这座举世闻名的古建筑，一直是中华文明的象征。

秦始皇修万里长城是他统一之后做的最重要的事情之一，雄伟壮丽的万里长城体现了中华民族伟大的创造力和昂扬向上的精神，但是长城的修建也记载了中华民族的一段苦难史，一段不堪回首的岁月。在长城的建设中，无数的普通百姓不仅付出了辛勤的汗水，而且付出了宝贵的生命。

秦始皇是中国历史上的一个伟大人物，正是他实现了中华民族的统一，结束了中华民族长期战乱的历史，使无数人民渴望和平的愿望变成了现实。

秦始皇统一中国后，所采取的一系列措施，加强了统一后中国的稳定。但是秦始皇是一个暴君，他为了使秦朝的江山世世代代不变颜色，残暴地对待人民，焚书坑儒，愚弄百姓，残害忠良，实行残酷的刑法，以暴力来治理国家，使得很多人不是在敌人的刀剑下丧生的，而是在他血

延伸思考

你还知道哪些关于秦始皇的故事？

腥的统治下丧生的。秦始皇所说的"朕即天下"，也成了专制的代名词。

🔗 诗文链接

古风（其三节选）

唐·李白

秦王扫六合，虎视何雄哉！

挥剑决浮云，诸侯尽西来。

明断自天启，大略驾群才。

收兵铸金人，函谷正东开。

破釜沉舟，百二秦关终属楚

江苏省宿迁市项王故里

项羽（前232—前202），项氏，名籍，字羽，楚国下相（今江苏省宿迁市）人，楚国名将项燕之孙，军事家，中国军事思想"兵形势"（兵家四势：兵形势、兵权谋、

兵阴阳、兵技巧）的代表人物，也是以个人武力出众而闻名的武将。李晚芳对其有"羽之神勇，千古无二"的评价。司马迁在《史记》中写道："项氏世世为楚将，封于项，故姓项氏。"

起兵反秦

陈胜、吴广起义反抗秦朝的时候，项梁、项羽起兵响应。项梁的父亲，也就是项羽的祖父，是楚国名将项燕。项羽小时候父亲就死了，是在叔叔项梁的照顾下长大的。他小小年纪便立志为国家报仇雪耻，叔父教他书法，他不用功；让他去学习剑术，他也不肯努力。项梁很生气就骂他没有出息。但项羽却说："念书写字，顶多记记姓名罢了；剑术学好了也只能和几个人对打，我要学那种一人敌万人的本领。"项梁听项羽这么一说，认为侄子胸有大志，就教项羽学习兵法。项梁本人因善于结交朋友，碰到人家有什么大事，他都赶去帮忙，当地的百姓都很喜欢他，他成了吴中豪杰的领袖，连地方官也要敬他几分。

秦始皇最后一次巡游时，经过吴中，许多人前来观看。站在两旁的百姓，一见这威风凛凛、豪华壮丽的皇帝车驾，都呆呆地站着，大气也不敢喘。只有站在人群里比别人高出一头的项羽，瞪着一双有神的大眼，脱口说道："这有什么了不起，谁都可以取代他！"项梁吓得赶快捂住项羽的嘴悄悄地警告道："你在这儿胡说八道，被别人告发了可是要灭九族的呀。"回到家里，项羽埋怨叔父说："平日您总是让我练习武艺，学习兵法，让我念念不忘家国之恨，今天您怎么这样胆小怕事呢？"项梁说："我们是

延伸思考

你还知道项羽的故事吗？

要干一番大事业，不能心急气躁。要想报仇，就必须学会等待时机。"

就在这一年，秦始皇在回咸阳的路上病死。第二年，胡亥继位，陈胜、吴广在大泽乡起义。消息传来以后，项梁和项羽万分高兴和激奋，他们感到为楚国报仇的时机已经到来了，就杀掉了当地的郡守，召集起八千子弟兵，起兵反秦。

项羽像

图说

项羽的一生，既有着华夏冷兵器史上最强悍的勇武，更有着华夏古代战争史上顶尖的战术指挥能力，是起兵三年就推翻秦帝国的首功之人，几千年来，项羽的故事一直让人赞叹不已。

怒杀宋义

过了不久，有消息传来，陈胜被秦将章邯打败，项梁赶快率领江东八千子弟兵，渡过长江，向西面挺进。一些零散的反秦队伍，如陈婴、英布、吕臣等率领的武装，都纷纷投奔到项梁的队伍中来，使这支部队一下子增长到六七万人。但是这时陈王已经被叛徒庄贾杀死，张楚政权已经四分五裂。在这个紧要关头，项梁在薛县（今山东省滕州市南）召开各路起义军首领会议，商量要公推一个起义军的首领。这时候，有个叫范增的70多岁的老者赶来献计，他对项梁说："秦灭六国，楚最不幸。楚怀王被骗到秦国，死在秦国，楚国人至今怀念着他。您从江东起兵，有很多人前来投奔您，这是因为您家世世代代是楚国的大将，人们希望您恢复楚国。您如果拥立楚怀王的后代为王，就一定能够号召更多的老百姓。"

项梁觉得范增的话很有道理，就派人四处寻访楚怀王的后代。没过多久，大家找到一个楚怀王的孙子熊心，当时他才13岁，已沦落为乡间的牧童。于是，项梁带领大家拥立熊心为楚王，为了顺应楚人怀念故国的心情，仍称他为"楚怀王"。这个消息传开以后，果然又有很多人赶来参加项梁的队伍。

项梁把楚怀王安置在盱眙（今江苏省盱眙县北），自己带兵继续西进。他在东阿（今山东省阳谷县）打败章邯，又在濮阳（今河南省滑县）东面大破秦军，接着又攻下了定陶（今山东省菏泽市）。这时候，原先齐、赵、燕、魏等国的旧贵族，也都在自己的土地上立了王，恢复

范增塑像

图说

范增（前277—前204），居鄛人。项羽征战时为其献计献策，被尊称为“亚父”。多次劝谏项羽击杀刘邦，始终未果，后被刘邦设计离间君臣关系，导致项羽猜忌，范增只好辞官归乡，在途中病亡。

了自己国家的名称，秦朝的天下已四分五裂。项梁命令项羽和不久前来投奔他的刘邦带兵急速西进，项羽和刘邦杀死了秦朝的大将李由。章邯见形势危急，赶快请秦朝政府派援军，趁着项梁得胜后骄傲自满，没有防备的机会，偷袭定陶，杀死了项梁。项梁一死，起义军的队伍受到很大损失，项羽、刘邦、吕臣等只好撤退到彭城（今江苏省徐州市）一带，采取守势。

章邯击破了项梁率领的楚军主力之后，认为楚军元气大伤，用不着担心了，于是把项羽他们撇开不管，带领大军北渡黄河，攻打当时自称赵王的赵歇。赵王和他的谋臣张耳、陈余没有防备秦军的进攻，一战就败，只好退到巨鹿（今河北省邢台市）固守。章邯派大将王离、涉间将巨鹿城围困得如铁桶一般，秦军在城外布成了铁墙般的防线，章邯自己则率领主力输送粮草，供应王离的围城大军。

赵军被围困得顶不住了，赶紧派人四处求救，燕齐两国援赵大军早就赶到了，但一见秦军势力强大，谁也不肯充当先锋，都缩头缩脑地远离秦军驻扎。

再说楚怀王接到赵王求援的书信，赶紧准备援军，派宋义为上将军，叫他带着次将项羽、末将范增北上救赵。

宋义率领大军由彭城出发，将士们休整了几个月，听说要去和秦军的主力拼杀，一个个摩拳擦掌，斗志很旺。但是宋义却是一个胆小怕事、自私自利的小人，他用甜言蜜语取得怀王的信任，骗取了兵权，但他根本就不想到城下和秦军拼命。当他走到安阳（今山东省曹县东）的时候，便号令全军原地休息，一住就是40多天，他自己每天在大帐中饮酒作乐，从不提出兵援赵的事。

项羽实在忍耐不住，便来见宋义："救兵如救火，现在赵王危险，我们应该立即率兵渡过黄河，与赵王来个里应外合，就一定能够大败秦军！"宋义斜着眼看了项羽一下，慢吞吞地说："你哪里懂得兵法的妙用！我们的目标是消灭秦军，我的主意是先让秦赵拼个你死我活，我们可以坐收渔翁之利。在战场上冲锋打仗，我比不上你，要说出谋划策，你可就比我差远了。"项羽强压着火儿没发作，怒气冲冲地走出了军帐。

宋义冲着他的背影冷笑着，随即起草了一道命令：

"将士们打起仗来应该像虎狼那样凶猛，可谁要是不服从命令，一概都得砍头。"这显然是冲着项羽来的，叫他乖乖地服从命令。

项羽怎么会咽下这口气？一天早晨，他全副武装，大步跨进宋义军帐，再次要求立即出兵救赵。宋义大发脾气，喊道："我的军令已下，难道你要以头试令吗？"项羽大吼一声："我要借头发令！"宋义本是个草包，顿时吓得软成一团，项羽一剑斩下了他的脑袋。将士们听说项羽杀了宋义，都立刻表示愿意服从项羽的指挥，并拥立项羽代理上将军一职。

☀ 延伸思考

你觉得项羽杀宋义的做法对吗？如果你是项羽，会怎么做？

破釜沉舟

一朝权在手，便把令来行。项羽担任了援赵大军的主帅，下令士兵每人带足三天的口粮，砸碎全部行军做饭的锅。将士们都愣了，项羽说："没有锅，我们可以轻装前去，立即挽救危在旦夕的赵国！至于吃饭嘛，让我们到章邯军营中取锅做饭吧！"大军渡过了漳河，项羽又命令士兵把渡船全都砸沉，同时烧掉所有的行军帐篷。战士们一看退路没了，这场仗如果打不赢，就谁也活不成了。

项羽指挥楚军很快包围了王离的军队，同秦军展开了9次激烈的战斗，渡河的楚军无不以一当十，以十当百，个个如下山猛虎，都奋勇拼杀。沙场之上，烟尘蔽日，杀声震天。楚军将士越斗越猛，直杀得山摇地动，血流成河。经过多次交锋，楚军终于以少胜多，把秦军打得大败，杀死了秦将苏角，俘虏了王离，涉间被打得走投无路，放火自焚而死，章邯带着残兵败将急忙后退。那些旧

巨鹿之战

贵族派来的援军，看到项羽大获全胜，又是佩服，又是害怕。从此，项羽就做了上将军，诸侯的军队都归他统率。

章邯带领残兵败将后退了几十里，派人到咸阳去求援兵。但赵高正忙着夺位，一个援兵也没派，章邯在走投无路的情况下，就率领剩下的秦军投降了项羽。

巨鹿这一场恶战，项羽的楚军击败了秦军的主力，强大的秦王朝已经无力抵挡农民起义军的进攻了。不久，刘邦的军队打进咸阳，推翻了秦朝的统治。经过这一番恶战，项羽名声大振，被人们称为"西楚霸王"。

诗文链接

夏日绝句

宋·李清照

生当作人杰，死亦为鬼雄。

至今思项羽，不肯过江东。

建国兴邦　知人善任　千秋功业

安得猛士兮守四方

汉高祖刘邦石像

　　刘邦（前256—前195），即汉太祖高皇帝，沛丰邑中阳里人，汉朝开国皇帝，汉民族和汉文化的伟大开拓者之一、中国历史上杰出的政治家、卓越的战略家和指挥家。对汉族的发展、中国的统一有突出贡献。

知人善任

　　刘邦是一位知人善任的皇帝。要论决胜千里之外，他不如张良；要论治理国家、安抚百姓，他不如萧何；要论带兵打仗，战必胜，攻必取，他不如韩信。但是刘邦能够成就千古伟业，靠的就是他能把这些人聚集起来，让他们发挥各自的长处。

　　萧何是汉朝的开国功臣，刘邦在任泗水亭长的时候，就与萧何认识了。亭长负责处理乡里的诉讼事件，因而跟县里的官吏非常熟悉。萧何就是当时县里的书吏，又特别熟悉法律，所以刘邦就对萧何很信服。因此，一旦刘邦有什么处理不当的事情，萧何就在旁边指点，两个人的关系就越来越密切了。

　　刘邦起义之后，萧何一直跟随，刘邦差不多对他言听计从，楚汉之争的时候乃至汉朝的开国大政方针，几乎都出自萧何之手，萧何可谓是劳苦功高。当然，刘邦对萧何也不是毫无防备之心的，但是他能比较好地处理两人之间的关系。在楚汉之争的时候，刘邦离开汉中与项羽展开长达四年的争霸。萧何留在汉中，替刘邦看守大本营，并为刘邦提供粮草。萧何很善于治理国家，汉中地区人心归顺，大家都愿意跟着萧何走，萧何对刘邦的粮草供应也很及时。但如此下去刘邦也非常害怕人心归顺萧何，对自己不利，就经常托人捎信，夸赞萧何的功劳。萧何对此心领神会，为了避免嫌疑，萧何就把自己的子弟亲属凡能参军的全部送到刘邦的军前，说是为刘邦平定天下效力。刘邦见萧何这样做就放心了。从此，君臣之间再无嫌隙。

张良是秦末汉初谋士、大臣，祖先五代相韩。秦灭韩后，他在博浪沙狙击秦始皇未中。逃亡至下邳时遇黄石公，得《太公兵法》，深明韬略，足智多谋。秦末农民战争中，聚众归刘邦，为其主要"智囊"。刘邦称他"运筹策于帷帐之中，决胜千里之外"的这一名句，也随着张良的机智谋划、文韬武略而流传百世。汉朝建立时封留侯，后功成身退，千古流芳。

刘邦画像

图 说

刘邦以布衣之身提三尺剑而取得天下建立大汉基业，百折不挠、越挫越勇的刘邦知道如何处理人际关系，其成功在于"能斗智时决不斗力"，并且刘邦知人善任，具有高超的用人、驭人的领导能力。

纵观张良一生，他是一个杰出的军事家，在每个紧要关头，张良总能提出较为正确的意见。因此，刘邦得到张良，比得到十万大军还重要。

千秋功业

攻克咸阳之后，刘邦进入了秦朝的宫殿，他见到巍峨的宫殿，奇珍异宝的摆设，就再也不想出去了。将领樊哙突然闯进来大吼道："你到底是想当个土老财还是想要据有天下？"

刘邦仍然呆呆地坐在那里，没有反应，樊哙又厉声呵斥道："你一入秦宫，难道就被迷倒了不成。秦朝的宫殿如此奢华，这正是它灭亡的根源，难道你想步秦朝的后尘吗？"也许出身卑微的刘邦真的被秦朝宫殿里奢华的生活迷住了，他竟然央求樊哙说："我累了，就让我在这里睡一宿吧。"

樊哙又想继续劝说刘邦，但是又怕自己这样做有点过分，于是他找来了张良。张良见到刘邦之后，语重心长地说："大王，秦朝因为荒淫奢侈，才有了今天的灭亡。您当初起兵反秦，为的不是替天下的百姓伸张正义吗？如果天下人听说您一进咸阳就留在宫里享乐。到时候大家恐怕都要离你而去了。忠言逆耳利于行，您还是听从大家的意见吧！"

听了张良的话，刘邦觉得再不出去，实在有些说不过去了。于是，他恋恋不舍地离开了秦宫。在张良等人的建议下，刘邦还与秦朝父老约法三章：杀人者要处死，伤人者要抵罪，偷盗者也要判罪。其他秦朝的法律一律废除。

延伸思考

结合本章的内容，说说刘邦为什么能成功。

在这种情况下，刘邦得到了咸阳百姓的热烈拥戴。

在后来的战争中，项羽勇猛无比。他性格不仅直爽，还很仁慈，能为手下的普通士兵吮吸毒疮治病，但是项羽却不能任用贤臣，官印的棱角都磨平了都不愿意授给部下。手下有一个能人范增，却不能任用。

而刘邦正好相反，他虽然不善于带兵打仗，更不能身先士卒。但是他的手下却云集了一大批能臣贤士，并取得了最终的胜利。

在刘邦的家乡沛县至今还立着一块"大风歌碑"，上面镌刻着那首著名的诗句："大风起兮云飞扬，威加海内兮归故乡，安得猛士兮守四方。"

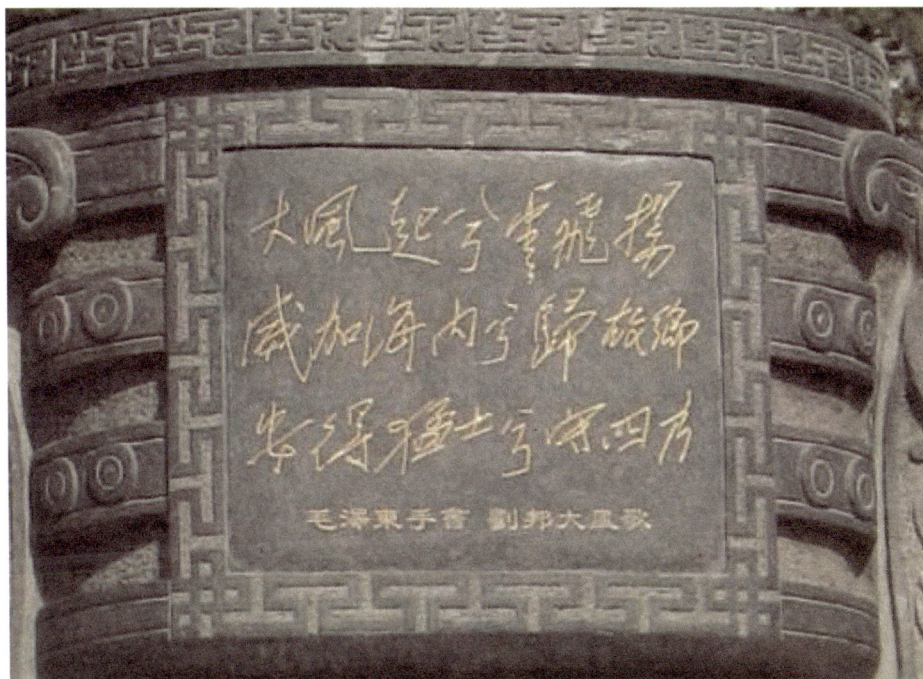

江苏徐州毛泽东手书的刘邦《大风歌》碑

成语

约法三章

约，约定、商定；章，条目。泛指共同议定的必须遵守的简单条款。

诗文链接

大风歌

汉·刘邦

大风起兮云飞扬，

威加海内兮归故乡，

安得猛士兮守四方。

光武帝中兴汉室

刘秀公园

　　封建时代，君王的心胸气度，对于驭臣治国有着重大关系，尤其在打天下的时候更是如此。春风大度，不念旧恶才能宽大政敌，化敌为友，化敌为臣，使其为自己所用。如果心胸狭隘，则正好反之。

西汉、东汉两位开国君王刘邦和刘秀，可谓封建统治者中春风大度，不念旧恶的典型。其中，尤以刘秀为最，他为人不仅有谋略，还有气度。作为政治家，谋略和大度，是两种极优秀的品质，两者兼备，才会得民心。若是有谋略而无大度，对待臣民必然残忍；如果有大度而无谋略，必然是懦弱无能。

刘秀治理天下，强调以柔克刚，屈伸得宜。他减收田赋裁并官吏，县级以下的官吏就精简了90%，让人民休养生息。这种"柔道政治"适应了东汉初年长期大动乱后急需恢复的要求。刘秀实行轻法缓刑，重赏轻罚，以结民

汉光武帝陵

心。他一反功臣封地最多不过百里的古制，认为"古之亡国，皆以无道，未尝闻功臣地多灭亡者"。他分封的食邑最多的竟达六县之多。至于罪犯，非到不罚不足以惩后时才罚，即便罚，也尽量从轻，绝不轻易杀戮将士。邓禹称赞刘秀"军政齐肃，赏罚严明"，在中国历史上，往往是"高鸟尽，良弓藏；狡兔尽，走狗烹；敌国灭谋臣亡"，但唯独东汉的开国功臣皆得善终，就这一点就足以说明刘秀"宽厚治国"的可取性。

以德报怨

作为政治家的刘秀，首先是胸怀韬略，然后做到胸襟宽阔。当初在刘玄手下为将时，对于杀害他哥哥的朱鲔，却能和颜悦色，闭口不提在昆阳保卫战中自己的战绩，也没有因自己哥哥的被害而耿耿于怀，不为哥哥穿丧服，言谈饮食与往常一样。这一切，使刘玄深信刘秀的忠诚而感到内疚，下令任命刘秀为破虏大将军，封为武信侯，竭力想收住刘秀。

其实，刘秀的内心却十分悲痛，只是在晚上一人伏在床上暗自流泪。经过不断地建立威信，掌握兵权之后，刘秀突然倒戈，开始与刘玄争天下。最后，刘玄被打得一败涂地，被迫投降。

本来，刘秀此时可以为哥哥报仇了，但是，富有战略眼光的刘秀，不但没杀刘玄，反而对他加以保护，又一次展示了刘秀的胸襟气度。等到刘秀攻下了济阳，活捉了朱鲔，不但没杀他，反而封朱鲔为济阳太守。正是这种宽宏大量，使朱鲔为他征战立功，赴汤蹈火，在所不辞。

刘秀画像

图说

刘秀，汉光武帝，字文叔，南阳郡蔡阳人（今湖北省襄阳市枣阳市）。中国东汉王朝的建立者，庙号"世祖"，谥号"光武皇帝"。他是中国历史上一位很有作为的开明君主，因为他勤于国政，改革开拓，使得东汉王朝在断壁残垣、江山破碎的情况下慢慢地恢复和发展起来。

收服"铜马"

刘玄定都洛阳后，当时的河北有三股势力，最大的是王朝，他自称是刘邦的后代，号召力很大，其次是王莽的残余势力，再次是铜马、青犊等农民起义军。刘秀在河北每到一地，必接见官吏，平反冤狱，废除王莽的苛政，恢复汉朝的制度。释放囚犯，慰问饥民。所做之事，均都顺应民心，因而官民喜悦。

当时，有一个叫刘林的人向他献计说："现在赤眉军在黄河以东，如果决河灌赤眉，那么百万人都会成为鱼鳖了。"刘秀认为这样太过残忍，定会失去民心，就没有这样做。刘秀初到河北之时，兵少将寡，地方上各自为政，无人听他指挥，虽能"延揽英雄，取悦民心，立高祖之业"，但毕竟没有大量军队。他为王朗所追捕，曾多次陷入窘境。后来，他逐渐延揽了邓禹、冯异、寇恂、姚期、耿纯等人才，又借当地起义军的名义招集人马，壮大声势，并联合信都、上谷、渔阳等地的官僚集团，才算站住了脚。由于他实行宽厚的政策，服人以德不以威，众人一旦归心，就较为稳定。

刘秀认为，"柔能制刚，弱能制强"，他多以宽柔的"德政"去收揽军心，很少以刑杀立威，这一点，在收编铜马起义军将士时表现得最为突出。当时，铜马起义军投降了刘秀，刘秀就"封其渠帅为列侯"，但刘秀的汉军将士对起义军很不放心，认为他们既属当地民众，又遭攻打杀掠，恐怕不易归心。铜马起义军的将士也很不自安，恐怕不能得到汉军的信任而被杀害。在这种情况下，刘秀竟令汉军各自归营，自己一个人骑马来到铜马军营，帮他们一起操练军士。铜马将士议论说："肖王如此推心置腹地相信我们，我们怎能不为他效命呢？"刘秀直到把军士操练好，才把他们分到各营。铜马起义军受到刘秀的如此信任，都亲切地称他为"铜马帝"。

宽仁济世

在平定王朗以后，军士从王朗处收得了许多议论刘秀的信，如果追究起来，会引起一大批人逃跑或造反。刘秀根本连看也不看，命令当众烧掉，真正起到了"令反侧子自安"的效果，使那些惴惴不安的人下定决心跟刘秀到底。

公元25年，刘秀势力已十分强大，又有同学自关中捧赤伏符来见，说刘秀称帝是"上天之命"，刘秀便在诸将的一再请求下称帝，年号光武，称帝之后，便是和原来的农民起义军争夺天下，此时，他仍贯彻以宽厚治天下的思想，这对他迅速取得胜利起到了很大的作用。

刘秀轻取洛阳就是运用这一思想的成功范例。当时，洛阳城池坚固，李轶、朱鲔拥兵三十万，刘秀先用离间计，让朱鲔刺杀了李轶，后来又派人劝说朱鲔投降。但朱鲔因参与过谋杀刘演，害怕刘秀复仇，犹豫不决。刘秀知道后，立即派人告诉他说"举大事者不忌小怨"，朱鲔若能投降，不仅决不加诛，还会保其现在的爵位，并对河盟誓，决不食言。朱鲔投降后，刘秀果然亲为解缚，以礼相待。

当时，还有一支与刘秀争天下的农民起义军——赤眉军。两军对垒，历经苦战后，赤眉军首领刘盆子终于战败而降。刘秀制定了正确的俘虏政策：凡投降者，一个不杀；刘秀还肯定了刘盆子过去的功绩。刘秀对刘盆子评价说有三大功劳："攻城破邑，四出争战，自己的原配妻子不曾抛弃，这是第一件；嗣立君而能选择汉室宗亲成员，这是第二件；其他的人在被迫投降时，都要将自己立的君王砍下脑袋，以表立功赎罪，而你却能率全体成员归附于我，这是第三件。"后来，刘盆子被封为赵王。刘秀对待赤眉军的策略，可谓恩威并济，先折去其威风，用军队打败他们，然后，再表扬其优点，肯定其成绩，使降臣心悦诚服，不会产生反叛的念头。刘秀极善于调解将领之间的不和情绪，绝不让他们相互斗争更不偏袒。贾复与寇恂有仇，大有不共戴天之势，刘秀则把他们叫到一起，居间调和，善言相劝，使他们结友而去。对待功臣，他决不遗忘，而是待遇如初。征虏将军祭遵去世，刘秀悼念尤勤，甚至其灵车到达河南，他还"望哭哀恸"。中郎将来歙征蜀时被刺身死，他竟乘着车子，带着白布，前往吊唁。刘秀的这种发自内心的真诚，确实赢得人心。

☀ **延伸思考**

你认为刘秀身上哪些好的品质是值得我们学习的呢？

刘秀故里·枣阳

洛阳汉光武帝陵

图说

　　汉光武帝陵，古谓原陵，原陵是东汉开国皇帝刘秀和光烈皇后阴丽华合葬的陵墓，位于河南省孟津县白鹤镇铁榭村。当地亦称"汉陵"，俗称"刘秀坟"。陵园呈长方形，占地6.6万平方米，墓冢位于陵园正中，为夯土丘状，高17.83米，周长487米。

诗文链接

后唐宗庙乐舞辞

唐·崔居俭

艰难王业，返正皇唐。先天再造，却日重光。
汉绍世祖，夏资少康。功成德茂，率祀无疆。

平生慷慨班都护

班超石像

班超（32—102），字仲升，扶风郡平陵县人。东汉时期著名军事家、外交家，史学家班彪的幼子，其长兄班固、妹妹班昭都是著名史学家。

班超为人有大志，不拘小节，审察事理。他口齿流利，博览群书。因不甘于为官府抄写文书，投笔从戎，随窦固出击北匈奴，又奉命出使西域，在三十一年的时间里，平定了西域五十多个国家，为西域回归、促进民族融合，做出了巨大贡献。

投笔从戎

班超出生在读书人家庭，他的爸爸是个史学家，他的哥哥就是大名鼎鼎的《汉书》的作者班固。班固当时在京城洛阳里当官，把弟弟班超也带到了洛阳，可是家里经济条件不太好，班固就帮班超在官府里找了一个抄写公文的差使，赚一些钱来帮补家用。可是班超的志向并不愿意待在书房里，他一心想干了不起的事业。

这样的机会并不多，可是班超等来了，在汉永平十六年（73），他奉命出使西域。东汉的西域就是今天的新疆，土地虽然很广大，可都是一些无边无际的沙漠和戈壁滩。在西域的北面住着匈奴人，匈奴人经常骑着战马南下，强迫西域各国缴纳贡税。西域各国打不过匈奴，只能听从匈奴人的命令，他们中有些人也不服，想依靠汉朝的力量来摆脱匈奴人的统治，可是汉朝距离西域太远了，中间的路途又不好走，因此大家看谁强大就投向谁。班超这次出使西域，主要目的就是团结西域各国，对抗共同的敌人——匈奴人。

不入虎穴，焉得虎子

班超等人到的第一个国家叫鄯善，鄯善国国王一开始对班超等人非常有礼貌，招呼得非常周到，可是过了几天后就开始冷淡下来了。班超敏感地意识到，肯定是有匈奴人来了，国王拿不定主意，开始犹豫了。于是，班超把跟他一起来的所有吏士，一共三十六个人，都叫到一起喝酒，喝着正高兴的时候对他们说："你们大家跟着我来这么远的地方，都是想来立功的，可是现在匈奴使者刚到鄯善不久，鄯善国王对我们的态度就一下子冷淡了很多，如果他最后决定投向匈奴人，我们立不了功不说，恐怕回都要回不去了！"他的手下听了全部都惊慌起来："那我们该

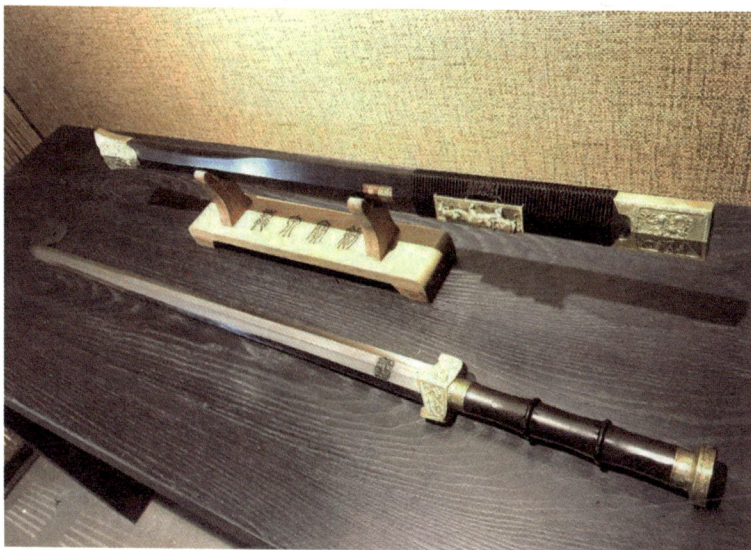

班超剑

图说

班超剑又叫"冷血剑"，相传此剑是班超亲手所铸，因为锋利无比、剑过无痕而得名。班超征战对敌时举剑不留情，剑出必置敌死地，正是这把剑跟着班超远走西域，"不入虎穴焉得虎子"，立下赫赫战功。

怎么办呢?"班超斩钉截铁地说:"不入虎穴,焉得虎子,不闯一下龙潭虎穴,怎么能逮得住小老虎?要想活命,就只能拼了!"他的手下一下子都被他激励起来,纷纷说:"愿意听从您的命令!"班超此前已经打听到匈奴使者的营地就在城外的不远处,于是就等到天黑,带着众人悄悄地摸到匈奴人营地。塞外的夜里,大风呼啸,班超安排一些人顺风放起火来,一些人在四下里击鼓大呼,自个儿手持大刀,率领一帮勇士猛地冲进营地,见人就砍,匈奴人被班超他们的突袭杀了个措手不及,只觉得四下漆黑一片,到处都是汉兵,还没搞明白是怎么一回事儿就被砍死的被砍死,被烧死的被烧死,一百多个匈奴人就糊里糊涂地见了阎王。天亮后,班超提着匈奴使者的头,叫鄯善国国王过来看,国王和他的大臣都彻底被班超吓倒了,他们立即发誓要死心踏地地跟着汉朝,再也不敢有其他想法了。

《出使西域》(油画)

经营西域

　　鄯善国的问题解决了之后，第二站是于阗国，于阗距离汉又比鄯善国远了一点儿，前段时间里又刚刚吃过匈奴人的亏，匈奴的使者还一直留在于阗国，监视着他们。因此，于阗国国王和大臣们更加害怕的是匈奴人，对汉朝使

于阗国遗址

图说

　　于阗国（前232—1006年）是古代西域的一个王国，中国唐代安西都护府安西四镇之一。古代居民属于印欧语系的吐火罗人。1006年被喀喇汗国吞并，逐渐伊斯兰化。11世纪，人种和语言逐渐回鹘化。

延伸思考

通过班超的事迹，你学到了什么？

者就有些轻视，对班超他们也就不冷不热的。于阗人普遍信神，于阗的国师对汉使有敌意，就装神弄鬼地说："我们的神发怒了，他责备我们为什么要投向汉？他要我们将汉朝使者的坐骑杀了祭给他！"于阗国国王就派人去向班超索要马匹，以用来祭神。班超听了很痛快地答应了，不过要求那个国师亲自来取，于阗国国师还真的自个儿来了，他没想到的是班超见了他，没等他说话，就把他的脑袋给砍了，让人带给于阗国王去了。班超的手下们虽然在鄯善见识过班超的剽悍作风，可是估计班超的这次行事让他们怎么也没想到。至于那个于阗国国王呢，就更加没有想到了，他此时也听说了班超在鄯善的事迹，吓得马上杀了国中的匈奴使者，赶来向班超赔罪，愿意听从班超的命令。就这样，班超以他快刀斩乱麻的作风，迅速在西域打开了局面，他的威名开始在西域各国中传播开来。

诗文链接

班 超

宋·邹浩

功名从古病难成，况作天西绝域行。

纵有平陵同落落，其如卫侯尚营营。

杀妻吴起终遭逐，上疏鸿卿不免刑。

定远独能逢圣主，千年万岁蔼嘉声。

是谁在弹奏一曲东风破

赤壁之战旧址

赤壁之战，是指东汉末年，孙权、刘备联军于建安十三年（208）在长江赤壁一带大破曹操大军的战役。这是

中国历史上以少胜多、以弱胜强的著名战役之一，是三国时期"三大战役"中最为著名的一场，也是中国历史上第一次在长江流域进行的大规模江河作战，标志着中国军事、政治中心不再限于黄河流域。孙刘联军最后以火攻大破曹军，曹操北回，孙、刘各自夺去荆州的一部分，奠定了三国鼎立的基础。

黄盖诈降

赤壁之战中，曹操率80万大军进攻刘备和周瑜的联军，刘备和周瑜的军队仅仅有5万兵力，远不是曹军的对手。正当刘备和周瑜两人无计可施的时候，周瑜部将黄盖来到帐中找到周瑜，说："大人，我可以假装投奔曹操，让曹操放松警惕，之后再找机会把曹操的大军一举拿下！"周瑜被黄盖的忠心所感动，便同意了黄盖的方案。

第二天，周瑜和黄盖故意大吵了起来，黄盖甚至出言不逊，让周瑜下不了台。周瑜大怒，下令要把黄盖赶出军营。在众多将领的苦苦哀求之下，周瑜没有把黄盖逐出军营，但还是打了黄盖50军棍。这件事被曹军派来的探子知道了，便迅速报告给曹操。后来曹军的探子又听说黄盖对周瑜怀恨在心，想投奔曹操。曹操大喜，可他并不知道，他正在一步一步地落入周瑜精心设计的圈套之中。

一天夜里，黄盖去信给曹操，谎称打算投降。当时东南风正急，黄盖带着几名士兵驾着一艘小木船驶向曹操庞大的舰队。黄盖的船上蒙着一层油布，里面装的是满船的干草。曹操看到黄盖，自以为这仗赢定了。没想到，黄盖竟然点燃了船上的干草，随后和士兵一齐跳入水中，游走

曹操像

图说

曹操是个文武双全的人，军事上精通兵法，重贤爱才，为此不惜一切代价将看中的有才华的人收于麾下；文学上善作诗歌，抒发自己的政治抱负，并反映汉末人民的苦难生活，他的散文亦清峻整洁，开启并繁荣了建安文学，给后人留下了宝贵的精神财富，鲁迅评价其为"改造文章的祖师"。

了。无人驾驶的木船冲向曹军的船队，顿时，火光冲天，哭喊声、爆炸声响成一片。在赤壁之战中，曹军几乎全军覆没，曹操也险些死于关羽的刀下。

现在，人们常用"周瑜打黄盖——一个愿打，一个愿挨"这句歇后语来形容两厢情愿的事。

🔍 **成语**

以卵击石

拿蛋去碰石头。比喻不估计自己的力量，自取灭亡。

火烧战船

这一天，东南风很急，江面上波浪滔天。曹操正在船头迎风眺望，忽然有个兵士报告说："江南隐隐约约有些船帆，趁着东南风向北岸驶来。"曹操定睛一看，果然有一队帆船直向北岸驶来，不一会儿已经来到了江心，船头

《火烧赤壁》（油画）

图 说

赤壁之战最后的结果是孙刘联军以火攻大破曹军，曹操北回，孙、刘各自夺去荆州的一部分，奠定了三国鼎立的基础。

曹操墓（安阳高陵）

上分明写着一个"黄"字。曹操笑着说："黄盖没有失信，果然来投降了。"

不错，趁着东南风来的正是黄盖的船，一共二十条，都用幔子遮着，里面不是兵士，也不是粮食，而是干草，上面铺着火硝、硫磺，还有几条小船拴在大船后面。

黄盖的船把帆扬足，快得像离弦的箭。周瑜带着兵船跟在后面。曹操只道是黄盖来投降了，高兴还来不及，哪儿想到防备。

黄盖的船离曹操的船队不到二里了，黄盖叫兵士把二十船干草一起点着，随后与士兵跳入水中游走了。这二十条火船趁着东南风冲进曹操的船队，曹操的战船被铁索连着，没法散开，一下子都着了火。火又窜上岸去，岸上的兵营也烧了起来。

火光照得满天通红，浓烟封住了江面，分不出哪里是

延伸思考

关于三国时期的故事，你还知道哪些？

105

水，哪里是岸。哭声喊声混成一片，曹操的人马烧死的、淹死的，不计其数。

曹操坐小船逃上江岸，忽听得背后鼓声震天，周瑜的兵追来了。曹操见手下的兵将丢盔弃甲，无心应战，只得带着他们从华容道逃跑。赤壁之战后，曹操率领大军返回了北方，再也无力发动大规模战役了。从这以后，刘备在诸葛亮的帮助下，下荆州、取四川、定汉中，成就了一方霸业。而孙权也因此巩固了江东地区的疆域，成为江南地区的霸主。这场战争之后，三国鼎立的局面基本形成了。

诗文链接

赤 壁

唐·杜牧

折戟沉沙铁未销，自将磨洗认前朝。

东风不与周郎便，铜雀春深锁二乔。

万里间关马伏波

东汉名将马援塑像

马援（前14—49），字文渊，汉族，扶风茂陵人。西汉末至东汉初年著名军事家，东汉开国功臣之一。

新朝末年，天下大乱，马援为陇右军阀隗嚣的属下，甚得隗嚣的信任。后归顺光武帝刘秀，为刘秀统一天下立下了赫赫战功。天下统一之后，马援虽已年迈，但仍请缨东征西讨，西破羌人，南征交趾，官至伏波将军，被世人尊称为"马伏波"。其"老当益壮""马革裹尸"的气概深得后人的崇敬。

马援的早年生活

马援十二岁时，父亲去世。马援年少而有大志，几个哥哥曾教他学《齐诗》，但马援却不愿拘泥于章句之间，他想辞别兄长马况到边郡去耕作放牧。谁知没等马援动身，马况便去世了。马援只得留在家中，为哥哥守孝一年。在此期间，他没有离开过马况的墓地，对守寡的嫂嫂非常敬重，不整肃衣冠，从不踏进家门。

后来马援当了郡督邮。一次，他奉命押送囚犯到司命府。囚犯虽身有重罪，但马援可怜他，竟然私自将他放掉，自己则逃往北地郡。后天下大赦，马援就在当地畜养起牛羊来。时日一久，不断有人从四方赶来依附他，于是他手下就有了几百户人家，供他指挥役使，他带着这些人游牧于陇汉之间，但胸中之志并未稍减。他常对宾客们说："大丈夫的志气，应当在穷困时更加坚定，年老时更加壮烈。"

马援种田放牧，能够因地制宜，多有良法，因而收获颇丰。当时，共有马、牛、羊几千头，谷物数万斛。对着这田牧所得，马援慨然长叹，说："凡是从农牧商业中所获得的财产，贵在能施救济于人，否则就不过是守财奴罢

伏波将军塑像

图 说

　　马援为国尽忠，殒命疆场，实现了马革裹尸、不死床箦的志愿。他忠勤国事，令人钦佩。马援进身朝廷，没有一个人推举荐拔，全靠自己公忠为国。后来居于高位，也不结势树党，堪称一代良将。

了！"于是，把所有的财产都分给兄弟朋友，自己则只穿着羊裘皮裤，过着清简的生活。

马革裹尸

　　建武四年（28），马援决定投靠刘秀，在投靠光武帝之前马援曾多次规劝隗嚣切莫动摇，隗嚣却怨恨马援的背叛，没办法，马援只好携带隗嚣的书信到洛阳见光武帝。光武帝不像是汉高祖刘邦那样"兔死狗烹"般屠杀功臣，基本上君臣关系都相处得比较和睦。

此次见面，是一个名将和一代明君的相遇，但马援和刘秀的见面却有些尴尬和突兀。刘秀调侃马援，奔走在几个君主之间，实在是太劳累了，致使马将军这么奔波的原因还是因为自己这个做皇帝的没什么大的能耐，让他选择了这么久。马援一听这话，心里是既惭愧又有点不悦，敢情皇帝这是在挖苦讽刺他呢，马援在气势上丝毫不输给皇帝，他大胆回答："现在的天下，不仅是君王选择臣子，臣子也是要选择明君的。"这掷地有声的回答，在旁人看来就是和皇帝叫板儿了。旁人都为马援捏了一把汗，接着马援又试探性地问皇帝："难道不怕我会刺杀你吗？"对于马援这样一个说话不按常理、性格非常怪异的汉子，刘秀很是敬佩，于是让他为自己做事。

后来，在攻打隗嚣时，尽管马援自告奋勇的为刘秀出谋划策，并立了大功，但他当初的那番言行却在刘秀的心中留下了始终难以抹杀的阴影。马援虽然出言不逊，敢于冒犯天颜，使刘秀对其心存芥蒂。但他文韬武略、所向披靡，又使刘秀不得不对这位"穷当意坚，老当益壮"的将军越发倚重。在没有真正得到赏识之前，马援只是当一些不大不小的官，打一些不大不小的战，始终都没有展现出他的本事来。

建武九年（33），马援为太中大夫，与来歙率诸将平定凉州。建武十一年（35），马援为陇西太守，经历几年征战最终平定陇西，在这些大大小小的战争中，马援不仅

延伸思考

如果你是马援，会怎么对待刘秀呢？

打仗所向披靡，带兵也是很有方法的，他的将士都很听他的话，且马援为人耿直，文韬武略，刘秀对他赞赏有加。夸奖也好，倚重也好，马援始终让刘秀有些担忧，甚至是嫉妒，因为他得到将领的爱戴，又能提出治国之策，这样的大将实在是一个很大的隐患。

为阻止马援强大，皇帝就给他加官封侯，让他在家享受天伦之乐，不让他带兵打仗。可马援天生就是为战争而生，不管大小战争都要参加，即使没有功名也参加，皇帝更加担心，如果哪一天马援果真起了反心，自己又如何控制呢？

建武二十三年（47），武陵五溪"蛮"抢掠郡县。光武帝遣武威将军刘尚征讨，"战于沅水，尚军败殁"。次年，遣谒者李嵩、中山太守马成征讨，仍无战绩。这时，已经六十几岁高龄的马援，仍旧要请求奔赴前线，光武帝担心他年事已高，不许出战。马援为了证明自己能作战，还特意骑马溜了一圈显示自己还能驾驭战马，皇帝也就同意他去了。

建武二十五年（49），马将军一到战场，就扼住"蛮夷"的咽喉，眼见形势有所改观，三月遇到暑热，军队士卒很多得疫病死了，马援也患病，不久，就因病去世了。

马援把一生大多献给了战场，作为臣子他忠心于刘秀；作为将领，他得到了下属的拥戴。老当益壮、马革裹尸、身先士卒，是他对热爱的疆场做的事，是热爱他的人们送给他的褒奖。

🔍 **成语**

马革裹尸

多指军人战死于沙场，形容为国作战，决心为国捐躯的
意志。

🔗 *诗文链接*

咏 马

唐·韩琮

曾经伯乐识长鸣，不似龙行不敢行。

金埒未登嘶若是，盐车犹驾瘦何惊。

难逢王济知音癖，欲就燕昭买骏名。

早晚飞黄引同皂，碧云天上作鸾鸣。

一堂丝竹败苻坚

秦晋淝水之战

　　南北朝（420—589年）是南朝和北朝的合称。南北朝时期是中国历史上的一段大分裂时期，也是中国历史上的一段民族大融合时期，上承东晋十六国下接隋朝，由420年刘裕代东晋建立刘宋始，至公元589年隋灭陈而终。

　　南朝包含刘宋、南齐、南梁、南陈四朝，北朝则包含北魏、东魏、西魏、北齐和北周五朝。南北两方虽各有朝代更迭，但长期维持对峙形势，故称为南北朝。

南北朝前期仍是士族政治，社会阶层分为士族、齐民编户、依附户及奴婢，对外交流也很兴旺，东到日本和朝鲜半岛，西到西域、中亚、西亚，南到东南亚与南亚。

此时也出现了民族大融合的趋势，如北魏孝文帝改革，进一步加速了民族融合的进程。

风声鹤唳

有一次，秦王苻坚亲自率领八十万大军，去攻打晋国。晋国派大将谢石、谢玄领八万兵马迎战。苻坚很傲慢，根本没把力量悬殊的晋军看在眼里。

可是，谁料到先头部队的前锋同晋军首战便被打败，苻坚慌了手脚。他和弟弟苻融趁夜去前线视察，他看到晋军阵容严整，士气高昂，连晋军驻扎的八公山上的草木，也影影绰绰像是满山遍野的士兵。接着，在淝水决战，秦军被彻底击溃，损失惨重，秦王苻坚受伤，弟弟苻融也阵亡了。苻坚仓皇而逃，他听到风声、鸟声，也以为是敌人追兵又到了。后人用"风声鹤唳，草木皆兵"来形容这段史实。

🔍 成语

风声鹤唳

意指是听到风声和鹤叫声，都疑心是追兵。形容惊慌失措，或自相惊扰的样子。

苻坚塑像

图说

苻坚，前秦皇帝。在位前期励精图治，重用汉人王猛，推行一系列政策与民休息，加强生产，终令国家强盛，接着以军事力量消灭北方多个独立政权，成功统一北方，并攻占了东晋领有的蜀地，与东晋南北对峙。苻坚于383年发兵南下意图消灭东晋，史称淝水之战。

投鞭断流

东晋时，前秦苻坚统一北方后，与南方东晋王朝南北对峙，分庭抗礼。苻坚欲率百万步骑兵南下，一举灭除东晋。苻坚集群臣商议，众大臣多不苟同。太子左卫偕大臣石越曰："依星象之见，今年不宜南下。况东晋有长江天险为阻，其君又深获民望。故不可轻举妄动，盲目轻进。不如固守国力，修整军备，等他们发生内乱时，乘机攻

淝水之战·中国画

伐。"苻坚不以为然，说："星象之事，未可全信。至于长江，春秋时吴王夫差与三国时吴主孙皓，皆拥长江之险，终不免于亡。朕今有近百万大军，兵多将广，人多势众，投鞭于江，足断其流。岂惧天险？"于是他罔顾谏言，立意伐晋，亲率大军，兵临淝水，自西而东，列队甚长。东晋遣大将谢玄、谢石领八万精兵抗敌。苻坚轻敌，恃兵多急攻，然遭晋军顽抗，淝水一战，竟为东晋所败，自此一蹶不振。

🔍 **成语**

投鞭断流

投鞭断流原指将所有马鞭投入江中，便可截断水流。后多比喻人马众多，兵力强大，常用词语。

垂缰之义，湿草之恩

一次，苻坚在与敌人交战过程中，不幸战败，落荒而逃，不料一失足从坐骑上掉到了山洞里，爬不上来。在这千钧一发之际，他的坐骑突跪在洞边，将缰绳垂了下来，苻坚抓住缰绳爬上来，才脱了难。从此，"马有垂缰之义"便与《太平广记》里的"狗有湿草之恩"一起用来形容知恩图报，如《镜花缘》里的一段："马有垂缰之义，犬有湿草之恩，羊羔跪乳报母恩，猿偷仙果自奔。蛛织罗网护体，鼠盗余粮防身，梅鹿见食等成群，无义之人可恨！"

据《太平广记》记载，唐代太和年间，广陵人杨生有

符坚墓

图说

　　符坚墓是陕西省重点文物保护单位。位于咸阳城西北125公里处的彬县水口乡。墓冢坐南向北，至今留茔域360平方米，残存封土长24米、宽10米、高2米。墓前有陕西省人民政府1957年立"前秦国王符坚墓"碑。墓堆形似角锥，俗称"长角冢"。

一爱犬时刻不离身边。一个寒冷的冬日，杨生酒醉卧于荒草中，遇火起风烈，情势紧急。爱犬狂吠而主人不醒，犬便几次跳入冰冷的水中，以水濡湿四周干草，使主人得以脱险。从此便有了"犬有湿草之恩"的典故。

"马有垂缰之意，狗有湿草之恩"是指马和狗等动物由于人的教化，而有感情，而被驯服的意思。也是说马和狗都有感情，都知道报恩。

诗文链接

经苻坚墓

唐·吴融

百里烟尘散杳冥，新平一隙草青青。

八公山石君知否，休更中原作彗星。

节俭爱民　奋发图强　事必躬亲

隋文帝勤俭公正治国

隋朝的开国皇帝隋文帝姓杨名坚，他出身名门望族，不说别的，单是家中的私人军队就有三千人之多。由于位显势大，所以当周宣帝病重的时候，一些人便推荐他入朝做了辅政大臣，掌握了大权。不久，他就靠着山东士族的支持，废了才9岁的小皇帝，建立了隋朝。

隋文帝杨坚手迹（局部）

邮票上的名人·隋文帝杨坚邮票

隋文帝亲眼看到北周残暴的统治不得人心，唯恐重蹈覆辙。所以，他登基后认为，只有谨慎地处理政事、提倡节俭、实行廉政才能安抚民心。

隋文帝当政的二十几年中，隋朝政治稳定，经济繁荣，文化发达，是一个强大的封建王朝。

节俭皇帝

隋文帝自己就是以节俭著称的，他居住的地方，就布置得比较简单朴素，宫廷中的嫔妃也都穿着普通的布衣，不穿戴华丽娇艳的服装。隋文帝所乘坐的车子，即使坏了，他也不换新的，而是让工匠们修理修理，反复使用。平时所吃的饭菜也较为简单，不过是几样素菜。他明确规定，每餐的荤菜只能有一样，多了就必须撤掉，还要惩办违反规定的厨师。

隋文帝墓

有一次，相州刺史进宫拜见隋文帝。为了讨好隋文帝，他就准备了不少绫罗绸缎，献媚地说："皇上，小人特地带了些好衣好料，献给皇上享用。"隋文帝十分生气，大声喝道："本皇奉行节俭政策，难道你不知道吗！重打五十大板！"两旁随从应命而出，将那刺史按倒在地，狠狠打了五十大板，打得那家伙皮开肉绽，无地自容。

仁政爱民隋文帝

隋文帝是个非常清明的帝王。隋朝时，各级官吏犯了小罪就受到重罚，可以不按法律，在朝堂上就能诛杀。但是由于用刑上过于苛刻和随便，他一旦生起气来，有时就忘了刑律而随便杀人。当时有个掌管司法的官员叫赵绰，是个正直的人，能严格按照刑律办事。遇上隋文帝随意用刑时，他便据理力争，使不少人免遭枉杀。而对民众犯罪，却主张平恕，即官严民宽。他认为，官吏本负有治国

隋文帝雕像

图说

　　隋文帝杨坚，弘农郡华阴（今陕西省华阴市）人，庙号高祖，谥号文皇帝，葬于泰陵。杨坚是隋朝开国皇帝，他在位的24年间，锐意改革、政绩卓著。美国学者迈克尔·H.哈特1978年所著《影响人类历史进程的100名人排行榜》中，隋文帝杨坚排行第82位。

安民之责，享受着国家俸禄，应知礼守法，渎职犯罪，必须严惩。平民一年四季劳苦耕作，自食血汗，知礼知法者不多，犯罪可以从宽。

有一次，隋文帝来到一个村庄，看到农民吃豆腐渣和杂糠混做的饭，他难受地说："这都是我的错啊！我没有把国家治理好，才害得老百姓吃这种饭啊！"隋文帝并不是装装样子，是确确实实责备自己的过失。为此，他把平时已经较为简单的饭菜又减去了不少，并且不喝酒、不吃肉，有将近一年的时间都是这样做的。除此之外，他还亲自带领饥民到洛阳去寻食度日，命令城中的卫兵见到逃荒的人，不许驱赶追迫他们。有时，隋文帝见到扶老携幼的人群，就把马匹赶到一边，让出道来，请百姓们先走，口里还说些"别担心，慢慢走"等有礼貌的话，安慰那些受苦受难的百姓。

宽严相济

公元589年正月，晋王杨广进入建康城，陈灭亡。隋文帝清楚地认识到，打天下不易，坐天下更难。他很注意皇亲国戚的行为，他们要是犯了法，也一律严惩。他的大儿子杨勇，被立为太子，按照古代的规矩，将来是要继承皇位的。因此，隋文帝对待杨勇又要更严格一些。他常常告诫杨勇说："你是太子，应该首先奉行节俭的风尚，养成节俭的品德。这样，你才能继承我的皇位，做个好皇帝。要知道，从古至今，没有哪一个图奢侈好享受的帝王是能够做得长久的！"

杨勇听着父亲的这些教导，口中答应着，心里却不以为然，暗笑父亲迂腐，太过担心。于是他背着隋文帝，照样讲排场过着骄奢淫逸、醉生梦死的生活。隋文帝发觉了，又是开导，又是训斥，可杨勇总是阳奉阴违，屡教不改。于是隋文帝废了杨勇的太子身份，另立儿子杨广来代替他。

皇子秦王杨俊背着父亲在外面私自建造了一座华丽的府邸，并且在里面大肆挥霍，无所不为。隋文帝察觉后，就立刻消了杨俊的爵位，并把他锁在黑房间里关禁闭，不许他再出去。将军刘升去说情，说："秦王还年轻，这算不了什么大错，陛下就饶了他吧！"隋文帝严肃地说："法不可违，不论什么人都得遵守国家的法律。"过了几天，大臣杨素又来劝隋文帝。隋文帝说："皇子和百姓一样只

隋炀帝杨广

有一个法律，照你们的说法，为什么不另立一个法律？任何人犯罪，都得依法制裁！"没过几天，杨俊病死了。他手下的人请求给杨俊立个石碑，隋文帝不同意说："想要留名，在史书上记一笔足够了，何必立碑！"随后，吩咐把杨俊府中奢侈华丽的装饰全部毁掉。

隋文帝对皇亲国戚、王子、大臣比较严格，对百姓却比较宽容。他认为，法律太苛，百姓就会反抗，法律和缓，百姓就会受到感化，自己的统治才能巩固。因此，他下令制定"隋律"，废除了前朝的许多残酷刑罚。百姓有冤可以越级上告，直到朝廷。各地判了死刑的罪犯，不能在当地处决，一定要送交大理寺（最高司法机关）复审，然后由皇帝批准执行。

公元600年，齐州有个叫王伽的小官押送70多个罪犯去京城长安。走到荥阳的时候，王伽见这些罪犯头顶太阳，颈套枷锁，实在痛苦，便对他们说："你们犯了国法，受了处分，这是罪有应得。可是你们还给押送你们的民夫添了痛苦，让他们陪着你们风吹、雨淋、太阳晒，你们忍心吗？你们自己戴着枷锁，走这么长的路，也很不容易，我想把你们的枷锁去掉。咱们约定时间，到长安城门集合，你们能做到吗？"罪犯们都很受感动，一齐跪在王伽面前说："大人的慈悲，我们终生难报。"王伽便放了罪犯，自己带着随从向长安进发。约定的日期到了，罪犯们都按时来到城门口，一个也不缺。隋文帝听说这件事以后，马上召见王伽，对他大加赞赏。还把罪犯们召进宫里，设宴招待他们，并赦免了他们的罪行。随后下了一道诏书，要求各级官吏学习王伽，用感化的办法管理百姓。

延伸思考

你还知道哪些有关隋文帝勤俭持政的小故事呢？给身边的好朋友讲一讲吧。

隋文帝泰陵石碑

图说

泰陵建于隋仁寿二年（602），是隋文帝杨坚与文献独孤皇后的合葬陵墓，位于陕西省杨陵区城西5公里处三畤原上，即杨陵区五泉镇王上村。此处埋葬的是隋代开国皇帝文帝——杨坚，杨陵区因此而得名。杨坚在位23年，公元604年逝世，终年64岁，葬于此地。

诗文链接

隋门·隋文帝

唐·周昙

孤儿寡妇忍同欺，辅政刚教篡夺为。

矫诏必能疏昉译，直臣诚合重颜仪。

宰相也能当神探

大明宫丹凤门门楼

　　狄仁杰（630—700），字怀英，并州太原（今山西省太原市）人，唐代政治家。狄仁杰能在唐高宗和武则天的政治舞台上如此活跃，是因为他遇到了伯乐阎立本。阎立本认为狄仁杰是个人才，并把他推荐给了唐高宗，后来他又辅助武则天，直至病逝。

狄仁杰一生当过无数的官职，还曾两拜为相，他为官清廉、惩恶扬善、为民请命，更是辅助武则天创造了大唐盛世。同时，他还刚正不阿、不畏强权，敢在帝王面前说出自己的想法和意见，为国家、地方以及百姓立下过汗马功劳。阎立本称他"可谓海曲之明珠，东南之遗宝"。

公正无私的狄仁杰

在狄仁杰当宰相的时候，武则天让他推举一个能够担任尚书郎的人，他推荐了自己的儿子狄光嗣。武则天录用了狄光嗣，任命他为员外郎。狄光嗣到任后，他兢兢业业，非常勤政爱民，做出了非常好的业绩。武则天知道后，称赞狄仁杰说："你可以和内举不避亲的祁奚相比。"

狄仁杰画像

同为狄仁杰儿子的狄景晖就不是这样的，他刚做官时，还是比较谨慎的，然而随着他的官位越做越大，就开始贪财好色，欺压百姓，他的所作所为激起当地百姓的严重不满，被身为宰相的狄仁杰知道了，便罢免了狄景晖的官职。但是许多大臣为狄景晖求情，希望狄仁杰给他一个

武则天雕像

图说

　　武则天，本名珝，后改名曌，并州文水（今山西文水县东）人，是武周时期的女皇帝，也是中国历史上唯一的女皇帝。武则天统治时期，历史功绩斐然，如大开科举，破格用人；奖励农桑，发展经济；知人善任，容人纳谏，创造了开元盛世。同时，她还颇有诗才，有《全唐诗》《垂拱集》《金轮集》等著作，但是《垂拱集》《金轮集》今已佚。

改过自新的机会。但是狄仁杰坚持削去儿子的官职，并教育他说："贤者当举，贪暴当罚。这是用人之道，兴邦之法。"

由此可以看出狄仁杰的公正无私，不会因为是自己的儿子就不推荐或不罢免其官职。

纸扇断案

狄仁杰为官期间，屡破奇案，如纸扇案件。

在一个雨夜，有一个妇人被杀死了，现场留下了一把纸扇，但是知府大人根据这把纸扇上的题诗就断定了凶手，并把他捉拿归案。但是凶手并不认罪，直呼冤枉，知府大人并没有理会，反而动用大刑，把凶手屈打成招，草草结案。

之后，狄仁杰担任了知府，看到这件案子，他感到这件案子还有疑点，便重新审理。经过狄仁杰的重新调查，抓住了真正的凶手。当时就有人请教狄仁杰，问他是如何侦破此案的，他说："这个案件的冤情是很容易弄清楚的，我看了原来案件的详细记载，发现这位妇人被杀的时间是四月上旬，那天还下着雨，天气寒冷，不用带着扇

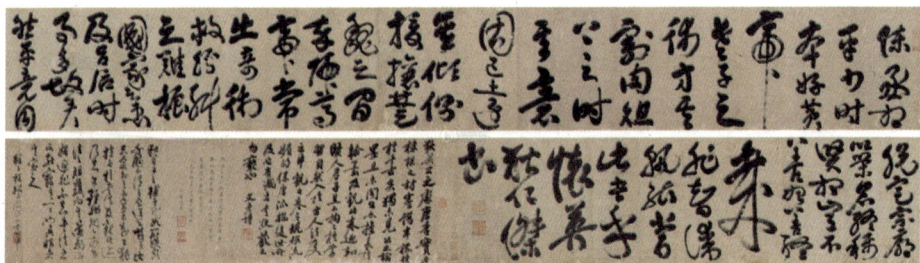

狄仁杰书法·手卷

子。更何况他还是来做歹事的，在如此紧张的时刻，怎么会带上扇子自找麻烦呢？由此可见，是杀人凶手想嫁祸他人，这是其一。另外，扇子上的诗画，一般落款只有题没有名字，这个扇子连名带姓都有，这分明就是有意的，这是其二。再来就是，我曾在那杏花楼避过雨，看到墙上的题诗，与扇子上的题诗十分相似，我就猜想可能与本案有关，这是其三。果然，按照思路就找到了真凶。"一时间，所有人莫不称赞狄仁杰断案如神。

劝谏唐高宗

　　唐高宗在位期间，狄仁杰身为大理寺丞，他不徇私枉法，对待案件是一丝不苟、刚正廉明。左威卫大将军权善才和右监门中郎将范怀义误砍昭陵（唐太宗的陵墓）柏树，按照当时律法，此二人应当被罢免官职。但是唐高宗

洛阳白马寺狄仁杰墓

延伸思考

你还知道哪些关于狄仁杰断案的小故事？与身边的好友分享一下。

很生气，认为他们是对皇家的大不敬，要把他们处死。狄仁杰身为大理寺丞却上奏帮他们二人辩护，认为他们二人罪不至死。唐高宗怒道："他们砍了昭陵柏树，这是置我于不孝之地，必须杀了。"狄仁杰直言劝谏说："他们二人罪不至死，而陛下下令执意要杀死他们，我还能说什么呢？但就是因为两位大臣误砍了昭陵的一棵柏树，就要被杀，那千百年后，人们将如何看待陛下您呢？所以臣劝谏陛下放了他们二人吧。"唐高宗听到他说的话，最终改变了主意，赦免了他们二人的死罪。

成语

清正廉明

比喻为官廉洁公正，不贪污徇私。

诗文链接

奉和圣制夏日游石淙山

唐·狄仁杰

宸晖降望金舆转，仙路峥嵘碧涧幽。

羽仗遥临鸾鹤驾，帷宫直坐凤麟洲。

飞泉洒液恒疑雨，密树含凉镇似秋。

老臣预陪悬圃宴，馀年方共赤松游。

武艺高强的侠客皇帝

陈桥驿"黄袍加身"壁画

宋太祖赵匡胤（927—976），字元朗，军事家、武术家，宋朝开国皇帝。祖籍涿郡，出身军旅之家，曾祖父是御史中丞，祖父是刺史，父亲赵弘殷掌管禁军，母亲杜氏出身世家。相传赵匡胤出生时红光满屋，有奇异的香气，因此小名又叫"香孩儿"。

赵匡胤画像

　　赵匡胤自幼随父学武，和喜好读书作诗的弟弟赵匡义不同，经常四处闯荡，结交豪杰，行侠仗义，野史有"千里送京娘"的典故。其后在后周为官，南征北战，屡立战功，官至禁军统领。960年元月初三，率军驻扎在陈桥驿时发生兵变，"黄袍加身"被拥立为帝，改元建隆，国号称"宋"。

陈桥兵变黄袍加身

　　后周显德六年（959），周世宗柴荣北征回京后不久驾崩，年仅7岁的周恭帝即位，符太后垂帘听政。当时赵匡

陈桥兵变遗址河南陈桥驿

图说

陈桥驿位于今天的河南省新乡市封丘县东南部，占地约5万平方米，现有房屋四座，陈桥驿楼牌、系马槐、甘泉井等遗迹尚存于今。

胤已是殿前都点检，掌管了全国的军事大权，960年元月奉命出征抗击北敌。

大军行至京城汴梁东北二十公里的陈桥驿时驻扎休整，夜晚军官将士们三三两两地聚集起来，有人说道："如今皇帝年幼，不能亲政，我们为国效力破敌，有谁知晓；不如我们先拥立都点检大人为天子，然后再出兵北征……"赵匡胤的忠勇仁义早已深入军心，大家听后纷纷附和，随后派出代表向赵匡义和赵普表明心意，赵匡义和赵普二人实则早有此意。到了第二天一早，赵匡胤整装准备出发之时，赵匡义和赵普突然拿出象征着天子仪制的"黄袍"披到了他的身上，众将士三跪九叩，高呼"万岁"，赵匡胤起初严厉拒绝，然而众将心意已决，实在没有法子，赵匡胤勉强答应说："你们为了自己的富贵，逼迫我做天子。如果大家能够听从我的命令，我就同意，否则我坚决不当。"众将士称："唯命是听！"

这一段被后世称之为"陈桥兵变"，大军回京后，周恭帝柴宗训禅位，赵匡胤登基建立了宋朝。

🔍 成语

黄袍加身

五代后周时，赵匡胤在陈桥兵变，部下诸将给他披上黄袍，拥立其为天子。后比喻发动政变获得成功。

杯酒释兵权

即使当了皇帝，赵匡胤仍然保留了很多游侠特有的豪爽习性，如经常独自一人"微服私访"，还喜欢在酒宴上决定国家大事。据史书《续资治通鉴》记载，有一天，赵匡胤向身边的谋臣赵普询问道："从唐朝末代以来这么多年，统治者已经换了八个家族了，战乱不断，民不聊生，这是什么原因造成的呢？我想要结束天下纷争的局面，让国家长治久安，应该怎么做？"赵普回答说："陛下您认识到这样的现象，实在是天下之福啊！造成天下纷争不断的原因，没有其他，就只是地方臣子的权力太大，而君主权

杯酒释兵权

力相对较弱罢了。如今想要改变这样的情况，只有削弱地方藩镇的势力，从军事、财政两方面对他们进行约束，这样一来，天下才能太平啊。"赵匡胤认为赵普所言十分有道理，思虑再三，便想到了"杯酒释兵权"的主意。

宋建隆二年（961）七月，赵匡胤在退朝后留下石守信、高怀德、王审琦、张令铎等几位将领，像平常一样坐在一起大口喝酒，大声交谈。喝得正兴起时，赵匡胤对军将们说："没有你们出生入死地帮我，我当不了皇帝。然而当了皇帝我却不如当初作节度使时自在，终日吃不好睡不香。"石守信等人听了这话感到奇怪，便询问缘由，赵匡胤继续说道："富贵谁都想要，有朝一日，有人以黄袍披在你们身上，拥戴你当皇帝。即使你不想造反，还由得着你们吗？"众将领听了这话大惊失色，心知皇帝起了疑心，立即跪拜说："臣等愚昧，不知该怎样做，还请陛下可怜我们，指示一条生路。"赵匡胤为了让他们放弃兵

明·刘俊《雪夜访普图》（局部）

图说

《雪夜访普图》长143.3厘米，宽75厘米，现藏于故宫博物院。此图为明代刘俊所绘的一幅水墨画，描写了宋太祖赵匡胤雪夜访赵普的历史故事。赵普（922—992），字则平，是五代至北宋初年的著名政治家，北宋开国功臣。参与发动陈桥兵变，推翻后周，建立宋朝，被封为丞相，协助赵匡胤削夺藩镇、罢禁军宿将兵权，实行更戍法、改革官制、制定守边防辽等许多重大措施。死后受封韩王，赐谥"忠献"，并配飨太祖庙庭。为昭勋阁二十四功臣之一。赵普好读《论语》，曾有"半部《论语》治天下"的名言。

权，建议说："人生苦短，犹如白驹过隙，不如多累积一些金钱，买一些房产，传给后代子孙，家中多置歌妓舞伶，日夜饮酒相欢以终天年，君臣之间没有猜疑，上下相安，这样不是很好吗？"将领们答谢说："陛下替我们着想，实在是对我们有起死回生的恩惠啊！"第二天各位军将就称病请辞，赵匡胤一一批准，并且给予他们优厚的赏赐。就这样，不费一兵一卒，赵匡胤就斩断了地方的势力发展，为宋朝的长治久安奠定了基础，与汉高祖、明太祖大杀功臣相比，实在称得上是位千古仁君。

拳学宗师

和其他帝王不同，赵匡胤是真正的"武林高手"。他从小学武，少年便开始了游侠生涯，入仕后四处征战。赵匡胤的武功自成一派，他独创的有"百拳之母"之称的

延伸思考

宋朝"重文抑武"，我们所知的文学家在宋朝时官职很高，请举一例，并背诵他的一首诗、词，或一篇有名的文章。

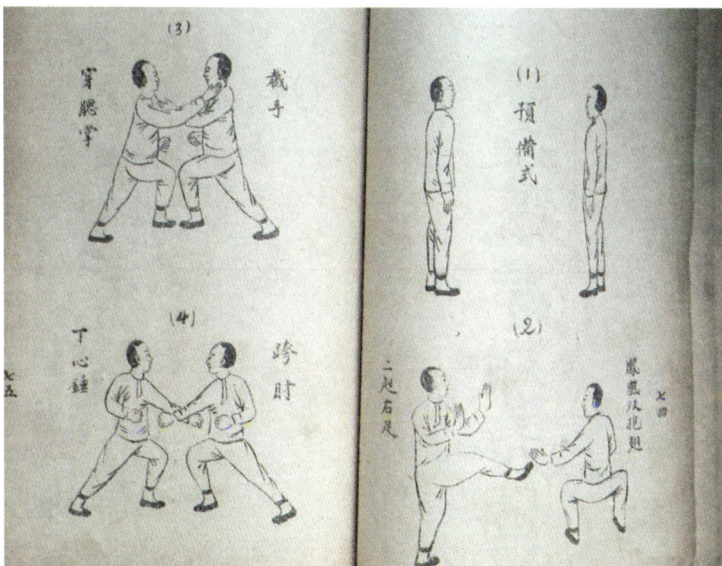

"太祖长拳"图示

"太祖长拳"和号称"一条盘龙棍打遍天下八十一州"的"盘龙棍法"不仅在当时名闻天下，得到少林寺的另眼相看，公开承认其为少林武功最大的别支，甚至对后世的戚家拳、太极拳、洪洞通背缠拳等也产生了重要影响，直到今天仍有不少追随者。相传，赵匡胤与御前大将军刘定国大战时，师父所赠的齐眉棍被"金背砍山刀"断为两截后，他十分心痛，便到铁匠铺让铁匠把这一长一短两截木棍按连枷的样式连在一起，取名"盘龙棍"，再次与刘定国交手时，一棍便将刘定国打死，可见其在武学、兵器学上的天赋。可惜宋太祖赵匡胤一世英名、一身武艺，他的子孙却"弃武重文"，毫无武学之长。

🔗 诗文链接

咏　史

宋·赵匡胤

天下攘攘百岁间，英雄出世笑华山。

南唐北汉归一统，朗月残星逐满天。

文治彬彬开盛世，武功赫赫震幽燕。

席间杯酒销王气，汴水流年咽露盘。

科举考试选人才

明代科举考试考官"阅卷"

　　科举制是中国古代通过考试选拔官吏的制度。由于采用分科取士的办法，所以叫科举。士子应举，原则上允许"投牒自进"，不必非得由公卿大臣或州郡长官特别推荐，这一点是科举制最主要的特点，也是与察举制最根本的区别。

科举制改善了之前的用人制度，彻底打破血缘世袭关系和世族的垄断，"朝为田舍郎，暮登天子堂"，部分社会中下层有能力的读书人进入社会上层，获得施展才能的机会。但后期从内容到形式严重束缚了应考者，使许多人不讲求实际学问，束缚思想。

古代的科举考试

中国科举考试，是古代帝王用以选拔官吏的制度，因分科取士而得名。科举考试始于隋炀帝三年（607），而于清光绪三十一年（1905）推行学校教育而告终。一千多年以来，科举考试制度为历代皇朝招揽选拔了难以数计的优秀人才，同时流传着许多有趣的故事。

古时没有发明照相技术，科考时对考生身份的查验是靠文字描绘的。清代有一姓胡的考官督学监考，他做事认真，监考时按照名册，对考生的年龄相貌等查核，非常严格。名册中将考生有须却不浓密者描写为微须，因此，他便把那些长着胡须的考生通通都拒之门外。一考生不服据理力争，胡考官怒斥道："你难道不懂得朱熹注'微，无也'的意思吗？"该考生并不示弱，也反唇相讥道："照大人的说法，《论语》中孔子微服过宋岂不是说老夫子一丝不挂、赤身裸体经过宋国了！"

清末科举考试废除八股政策论后，命题多涉历史，据说有位考官出题要求考生比较中西史事，题曰：项羽拿破仑论。诸考生虽皆熟读四书五经，却均不知拿破仑为何物。有一考生的文章开头即破题云："夫项羽力能拔山，岂一破轮而不能拿夫？"接着便论证如下："夫车轮已破，其量必轻，一凡夫即能拿之，安用项羽？以项羽而拿破轮是大材小用，英雄无用武之地，其力难施，其效不著，岂非知人善用之举哉！"

满洲镶红旗人乌尔恭额，任浙江巡抚时，有一年科考，他亲莅书院视考。正值诸生用饭时间，见大家争先恐

科举考试考棚

图说

科举制是中国古代政府从分科考试中选举人才，分派官职的制度，是当时政府选拔官员的主要手段。自隋炀帝三年（607）开始实行，至清光绪三十一年（1905）被废止，其间推行了近1300年。

后、你抢我夺、斯文扫地，巡抚不禁皱眉说道："好一群老鼠！"众生一听，面面相觑，其中一生即拟联相讥曰："鼠无大小皆称老；龟有雌雄都姓乌。"

前清时，为了表示对人才的重视，曾规定童生考试，每县至少要录取三名。某县地处偏僻山区，教育文化非常落后，有一年全县报考的只有三人。考试完毕，主考官把试卷收上来一看，不禁目瞪口呆，原来三人中一人抄了题目，只写了"且去"二字；另一人只抄了试题，什么也没写；第三个考生，干脆连考题也没抄。主考官无可奈何，只好大笔一挥，把抄了题目并写了"且去"二字的那位考生，取为第一，并批道："但观'且去'二字，必定满腹经纶。"又把抄了试题那位取为第二，批道："誊写毫无差错，足见其才可造。"再把交了白卷那位列为第三，批曰："不轻易下笔，可见其行事慎重。"

科举考试中的逸闻轶事

科考趣事轶闻很多，流传颇广，历史上是否真有其事，无可稽考，相信有些故事可能是杜撰、捏造的。不过科举考试历经一千多年，有些趣事并不奇怪，甚至在许多历史典籍中也不乏科举考试中趣事轶闻的记载。

（一）独眼上榜

清代乾隆年间，江西萍乡有位寒窗苦读的勤奋儒生叫刘凤诰，不到二十岁不仅已熟读四书五经，而且对唐诗宋词也造诣颇深，背诵如流，因而乡试、会试连连及第。然而，刘凤诰相貌丑陋，又只有一只眼睛。按照当时规定，五官不全者是不能及第入仕的。事有凑巧，这次会试的主考是位爱才之人，他硬着头皮禀告了皇上。乾隆帝为避以貌取人之嫌，决定亲临保和殿刁难一下这个南方丑儒。是日，乾隆帝高坐御椅上，骄矜而笑，口出上联令刘凤诰应对："独眼不登龙虎榜。"这上联既含讥讽，又大泼了冷水。才华横溢的刘凤诰挺胸昂首，接口便对："半月依旧照乾坤！"乾隆帝见其如此气魄，暗自惊叹，复又出句令对："东启明，西长庚，南箕北斗，朕乃摘星汉！"刘凤诰不卑不亢，当即应答曰："春牡丹，夏芍药，秋菊冬梅，臣是探花郎！"乾隆帝见其才思敏捷，对仗工整，韵律和谐，不禁龙颜大悦，当即御笔一圈，钦点刘凤诰为殿试探花，金榜题名。

（二）名字惹祸

清代因名字谐音而失去状元的也大有人在。顺治十二年，本拟定的状元是太仓人王揆，唱名的时候，顺治却因读音相同想起了《王魁负桂英》这个流传极广的剧本。剧中王魁忘恩负义，在桂英资助下中了状元后，感到曾与妓女桂英厮混，太丢人了，就设计把桂英杀死了。顺治听到高唤王揆，就开玩笑说："是负心的王魁耶？"这下可不得了，王揆马上就被抑为第三甲。同治七年，江苏人王国钧殿试成绩优秀，被初定为一甲，国钧这个名字，从字面上看是不错的，国钧者，国家重任也。白居易《赠樊著作》中就有"卒使不仁者，不得重国钧"之句。但垂帘听政的慈禧太后看了很不高兴，念了王的姓名说："好难听。"因为这三个字与"亡国君"相谐，实在大不吉利。王国钧因此被抑置三甲，蹉跎以终。

延伸思考

科举考试是什么时候出现的？跟现在的考试有什么不同？

🔍 **成语**

独占鳌头

原指科举时代考试中了状元。现泛指占首位或第一名。

🔗 *诗文链接*

劝学诗

宋·赵恒

富家不用买良田，书中自有千钟粟。

安居不用架高堂，书中自有黄金屋。

出门莫恨无人随，书中车马多如簇。

娶妻莫恨无良媒，书中自有颜如玉。

男儿欲遂平生志，六经勤向窗前读。

抗倭英雄戚继光

当代·毕可鹰《横戈马上》（书法作品）

　　倭寇是13—16世纪侵略中国沿海地区的日本海盗集团的泛称，除沿海劫掠以外主要从事中日走私贸易。

　　倭寇初时仅由日本九州沿海一带的浪人、武士及失业人员等组成。14世纪初，日本进入南北朝分裂时期，在长期的战乱中失败的南朝封建主组织武士劫掠中国与朝鲜沿海地区。因中国古时称日本为倭国，故称倭寇。

将门虎子

明嘉靖年间（1522—1566年），我国东南沿海一带遭到了一群日本海盗的袭击，倭寇在浙江、福建一带烧杀抢

民族英雄戚继光

图说

戚继光（1528—1588），字元敬，号南塘，晚号孟诸，卒谥武毅，汉族，山东蓬莱人。明朝抗倭名将，杰出的军事家、书法家、诗人、民族英雄。

掠，百姓十分痛恨他们。但是当时的明朝军队腐败，常吃败仗，倭寇的侵略越来越严重。嘉靖皇帝十分苦恼，他怕自己的江山坐不稳，就派年仅27岁的戚继光前往浙江平定倭寇，这一年是1555年。

戚继光是山东蓬莱人，明嘉靖七年（1528）出生在一个武将世家。他的父亲是一个非常正直廉明的官员，戚继光从小就受到父亲的严格教育。父亲从来都不娇惯他，有一次戚继光穿着一双新鞋乐呵呵地让他父亲来看，没想到父亲把脸一沉，严厉地说："小小年纪就想着吃好的穿好的，以后怎么能专心带兵打仗？"小戚继光脸一下子就红了，连忙脱了新鞋。通过这件事，戚继光对父亲更加敬佩，决定做一个像父亲一样的好将军。

父亲去世后，戚继光继承了父亲的事业，当时他只有17岁。由于刻苦学习，到25岁的时候，戚继光已经做了登州巡检，整个山东的海防都由他来负责。戚继光以身作则，在军中拥有很高的声望。

台州大捷

过了两年，戚继光被调到了浙江防范倭寇。对于倭寇的暴行，他早有耳闻。戚继光最痛恨倭寇对老百姓的暴行，发誓一定要平定倭寇。

戚继光精通兵法，他认为打仗取得胜利最重要的是军队精良，纪律性强，宁可要几千精兵，也不要几万乌合之众。他到了浙江首先检阅了当地部队，发现了很多恶习充斥全军，这样一支部队怎么能打败倭寇呢？戚继光决心要招募一支新军。

戚继光深知士兵不进行严格的训练是不能上阵杀敌的。他根据南方沼泽地形的特点，研究了阵法，亲自教士兵使用长短武器，经过严格的训练，这只新军的战斗力特别强。很快，戚家军的名声就传开了。

公元1567年，倭寇大举进犯浙江台州地区。当时的戚继光正在宁海，当他听说这个消息之后，十分激动，心想终于有机会和倭寇决战，消灭他们的大部队了。他随即上马，手持令旗指挥全军道："全军启程，违令者斩。"军令如山倒，这支部队昼夜前行，当大军赶到台州的时候，倭寇的头目还在盘算着这次避开戚继光，台州唾手可得呢。

拂晓十分，台州城门悄悄地打开了，一支几千人的队伍从城中出发，此时城外的倭寇还在睡梦之中。突然，一

山东蓬莱戚继光故里横槊堂

杆绣着斗大的"戚"字的大旗在队伍中醒目地竖起，一个声音响彻全军："布好鸳鸯阵，向敌人进攻。"

从天而降的戚家军把倭寇吓傻了，等他们清醒时，鸳鸯阵已经冲进了大营。由于敌军的惊慌，也由于戚家军训练有素，倭寇被包围在阵里逃不出去。此时，戚继光亲自擂鼓助阵，战鼓声使得军心大振。每一个鸳鸯阵进退自如，对仗在前面指挥开路，全军长短兵器配合自如，锐不可当。倭寇被打得四处逃窜。戚家军紧追不放，直杀到江边。这次战斗共消灭了倭寇几百人，还有许多是被烧死的、淹死的。

肃清倭寇

台州大捷之后，倭寇的气焰被打消了很多，同时戚家军的威名也开始遍布整个浙江地区，倭寇一听到戚家军的名字就十分害怕，戚家军的人数也从3000人扩大到6000人。

第二年秋天，倭寇又想侵犯我国东南沿海，但是他们知道浙江的戚继光不好对付，于是又跑到了福建沿海，这样一来嘉靖皇帝又着急了，急忙把戚继光从浙江调到了福建。戚继光觉得倭寇来了就打，一打就走，总不是个办法。只有从根上解决倭寇，才能恢复沿海的平静。戚继光到了福建之后就各方打听，无论男女老少，只要能找到倭寇的巢穴在哪，就给他奖励。终于，戚继光找到了倭寇的老巢，这个地方在宁德城外的一个岛屿上。这是一个孤岛，四面环海，易守难攻，倭寇把这里当成根据地养精蓄锐。

戚继光观察完了地形，深感这个地方不好攻打，晚上他召集所有军官进行讨论，大家你一言我一语，气氛热

烈，但是只有打胜仗的信心，却没有实际的办法。戚继光
冥思苦想，终于想到了破敌之策。

在戚继光的带领下，戚家军兵分两路攻入岛屿，一路
由侧面进攻。争取在岛上放火骚扰敌人，另一路由他亲自
率领从正面进攻。每个士兵都准备稻草和木板，只等当天
退潮露出淤泥，立刻铺上稻草，在稻草上再放木板，这样
大军就可以攻入岛屿了。

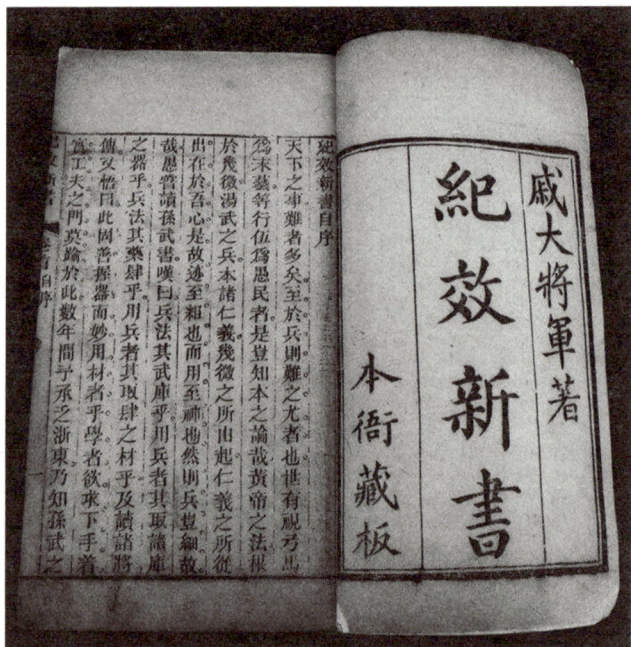

《纪效新书》书影

图说

《纪效新书》是明代著名兵书。它出于抗倭名将
戚继光之手，所述内容具体实用，既是抗倭中练兵实
战的经验总结，又反映了明代训练和作战的特点，尤
其是反映了火器发展到一定阶段作战形式的变化。

《平倭图》（中国画）

图 说

　　戚继光在实战中注重战法的革新，全面加强士兵的训练。经过常年苦战，终于平定了危害海疆已久的倭寇。

　　这一天退潮后，士兵们就已经能清楚地看清岛屿，于是马上开始铺木板和稻草了。岛上的倭寇发现了这几条大蛇似的木板路，十分害怕，他们只能眼睁睁地看着戚家军冲上岛屿，几千个倭寇立刻冲出来和戚家军顽固拼杀。戚继光亲自为战士助威，岛上的喊杀声、兵器碰撞声、战鼓声连成一片，打得难解难分。

　　此时，另一路戚家军也悄悄冲上了岛屿，倭寇以为戚家军只有一路，忽视了侧面的防守。等到那一路戚家军从背后杀来之后，倭寇顿时大惊，军心开始涣散。戚继光抓

☀ **延伸思考**

从戚继光的故事中，你学到了什么？

住时机，指挥大军全面进攻，倭寇死的死、逃的逃，老巢完全被摧毁。

从此，倭寇被吓破了胆，他们被分割开来，再也不能对百姓进行大规模侵扰了。但是戚继光仍然不满足，决心将倭寇全部消灭，永远铲除这个祸害。

在浙江和福建一带，还有一只由俞大猷率领的抗倭力量，戚家军与俞家军联合起来，打了一个又一个胜仗，不是将倭寇消灭就是把他们赶回老家。到这个时候，东南沿海的人民才过上了安定的生活，经济也开始繁荣起来。

戚继光在抗倭战争中立下了卓越的历史功勋，赢得了人们的称颂，成为一位千古留名的英雄。

📎 诗文链接

题武夷

明·戚继光

一剑横空星斗寒，甫随平北复征蛮。

他年觅得封侯印，愿学幽人住此山。

林则徐虎门销烟

人民英雄纪念碑"虎门销烟"浮雕

　　清道光二十二年（1842），清朝在与英国的第一次鸦片战争中战败，清政府被迫与英国签署中英《南京条约》。《南京条约》是近代西方资本主义国家强加在中国人民身上的第一个不平等条约。英国以武力侵略的方式迫使中国接受其侵略要求，这就使中国主权国家的独立地位遭到了破坏。英国强占香港岛，中国的领土完整遭到破坏，丧失了独立自主的地位；五口通商成为西方资本主义对中国进行殖民掠夺和不等价交换的中心；巨额赔偿加重了清政府的财政负担，同时也转嫁到了劳动人民的身上，使他们的生活更加艰苦。《南京条约》签订后，西方列强趁火打劫，相继强迫清政府签订了一系列不平等条约。从此，中国开始逐步沦为半殖民地半封建社会。

鸦片荼毒

　　鸦片又叫大烟，是用罂粟的果实制造而成的一种毒品。人们若是吸食鸦片，很容易上瘾，慢慢就会变得面黄肌瘦、萎靡不振。鸦片原产印度，英国占领印度后强迫印度人种植罂粟，然后做成鸦片。英国人见到把鸦片卖给中国有利可图，于是集中起来向中国销售。

　　自嘉庆年间，外国商人在广州珠海出海口的海面上，买通清朝的官员，干起了走私鸦片的勾当，嘉庆五年，他们向中国输入了4500多箱鸦片，到了道光十八年，竟然增加到了40000多箱。清朝每年出口的茶叶、丝绸、瓷器的价值，还抵不上这些鸦片的一小部分。到了道光十五年，中国已经有两百多万人吸食鸦片，每年白银外流420万两。鸦片不仅毒害了中国人的身心健康，还给清政府造成了巨大的财政损失。

　　对于鸦片的输入，清政府主要有两派意见，一派是反对禁烟的求和派，一派是强烈主张禁烟的禁烟派。禁烟派的代表人物是林则徐，他上书给皇帝，严厉地驳斥了求和派的谬论。林则徐大声疾呼，如果再不禁烟，中国将再也没有可以抵御侵略的士兵，再也没有充当军饷的银两。道光皇帝被林则徐的慷慨陈词感动了，决心派林则徐作为钦差大臣，去广州查禁鸦片。

林则徐画像

图说

　　林则徐（1785—1850），福建侯官县人，字元抚，又字少穆、石麟，晚号俟村老人、俟村退叟、七十二峰退叟、瓶泉居士、栎社散人等，是清朝时期的政治家、思想家和诗人，官至一品。他在职期间严禁鸦片，于1839年6月3日在广东虎门销毁鸦片237万多斤，因此有"民族英雄"的称誉。同时他又是位文学家，精通英语和葡萄牙语，致力翻译西方著作，其作品多收录在《海国图志》一书中。

林则徐到广州之后，查清鸦片的情况，采用了各种办法，最特别的方式是下令对学生进行考试。考场大门被关得严严实实，当考卷发下来的时候，考生们都愣了。原来考卷里夹着一张纸条，上面写着：这次考试可以不用答题，但是必须把自己知道的烟贩姓名、住址和活动情况写下来。尤其是要写明官兵受贿走私的内幕，不得隐瞒。学生们多数都十分痛恨鸦片，他们对鸦片走私都深恶痛绝，而且他们又来自四面八方，知道的情况很多，因此对日后鸦片的清缴起到了极为重要的作用。

虎门销烟

摸清情况之后，林则徐处理了一些违法的烟贩子和官员。随后他发布了公告："一切外国商人必须三天之内全部交出鸦片，并写出永远不再贩卖鸦片的保证书，如果今后再卖鸦片，货物没收，人皆伏法。"

烟贩子们得知了这个消息，都慌了手脚，一些人主动交出了鸦片。见此情形，英国驻澳门商务代表义律召集鸦片商说："谁交出鸦片了？怕什么？我们英国的舰队就停在海面上，随时可以打仗。"鸦片贩子们又活跃了起来。

烟贩子们的举动引起了中国人极大的愤慨，林则徐说："鸦片一日不禁绝，本大臣一日不回北京，誓与此事相始终。"接着，林则徐果断下令，立即通知英国商人，如果不交出鸦片，还策划逃跑，就中断中英贸易，封锁洋行，若再抵抗就封锁交通，停止食物供给。

这下义律无计可施了，他决定交出鸦片。但是他又诡秘地对鸦片贩子们说："我要报告女王陛下，要求派兵惩罚他们，我们不久就要打仗了。"鸦片贩子共交出了二百多万箱鸦片，约237万斤。

1839年6月3日，林则徐在广州虎门海滩挖了两个销烟池将鸦片销毁。这天，成千上万的群众闻讯赶来，海滩上人山人海，林则徐率领着广东各级军官来到虎门海滩的高岗上，亲自监督销毁鸦片。销烟开始了，赤膊上阵的大汉和士兵把鸦片倒进挖好的池子里，顿时浓烟滚滚，直上云霄。人群欢呼雀跃、感慨万千，若不禁烟，多少老百姓

销毁鸦片的烟池

图说

"虎门销烟"中销毁鸦片的烟池现今位于广东东莞太平镇口，南临珠江，北靠牛背山，西边是镇口关隘。"鸦片战争虎门人民抗英纪念碑"建立在销烟池旁，时刻警示我们中国的强大来之不易，需要各族人民共同奋斗。

因为抽上了鸦片被闹得家破人亡。烟贩子们各个垂头丧气，烘托了虎门销烟的雄壮氛围。

林则徐取得了禁烟的胜利，但鸦片贩子不愿意吃这个亏。不久，这些侵略成性的鸦片贩子把虎门销烟当成借口，发动了罪恶的鸦片战争。1842年，英国攻陷吴淞口。上海、宝山相继失守，英军打到南京城下。

在敌人大炮的威胁下，耆英等人答应了英国人的无理要求，从而签订了中国历史上的第一个不平等条约——《南京条约》。条约规定把香港岛割让给英国，赔偿英国各种损失2100万银元。同时，英国获得了在中国领土上胡作非为的权力。最终，鸦片战争以英国的胜利告终。

鸦片战争揭开了近代中国人民反抗外来侵略的历史篇章，鸦片战争的失败告诉我们一个道理：落后就要挨打。

延伸思考

结合本章内容，谈谈你所了解到当时鸦片对中国的侵害。

🔗 **诗文链接**

赴戍登程口占示家人

清·林则徐

苟利国家生死以，

岂因祸福避趋之？

邓世昌死得其所

江南制造局

　　《马关条约》是清朝政府和日本明治政府于 1895 年 4 月 17 日在日本马关（今山口县下关市）签订的不平等条约，原名《马关新约》。《马关条约》的签署标志着甲午中日战争的结束。中方全权代表为李鸿章、李经方，日方全权代表为伊藤博文、陆奥宗光。

根据《马关条约》规定，中国割让辽东半岛（后因三国干涉还辽而未能得逞）、台湾岛及其附属各岛屿、澎湖列岛给日本，赔偿日本2亿两白银。中国还增开沙市、重庆、苏州、杭州为商埠，并允许日本在中国的通商口岸投资办厂。

《马关条约》使日本获得了巨大利益，刺激了其侵略的野心。中国的民族危机空前严重，半殖民地化程度大大加深。该条约适应了帝国主义列强对华资本输出的需要，随后列强掀起了瓜分中国的狂潮。

黄海大战

明治维新之后，随着国力的逐渐增强，日本对外扩张的野心急剧膨胀，将侵略的矛头指向了朝鲜和中国。1894年，朝鲜发生"东学党"起义，应朝鲜国王的请求，清政府派兵入朝，"代平内乱"。对朝鲜觊觎已久的日本，借口保护使馆和侨民，趁机出兵朝鲜。起义平息后，清政府建议中日两国同时撤兵，日本拒不接受。

1894年7月25日，日本不宣而战，在牙山口外的丰岛海面突袭中国运兵船，并向驻守牙山的清军发起攻击，挑起蓄谋已久的侵华战争。这一年是农历甲午年，因此，这次战争史称"甲午战争"。

1894年9月17日，日本舰队突然袭击中国舰队，一场海战打响，这就是黄海大战。战中，担任指挥的旗舰被击伤，大旗被击落，邓世昌立即下令在自己的舰上升起

民族英雄邓世昌

图说

邓世昌（1849—1894），汉族，原名永昌，字正卿，广东番禺人，清末北洋水师将领，民族英雄。

邓世昌是中国最早的一批海军军官中的一个，是清朝北洋舰队中"致远"号的舰长。他有强烈的爱国心，常对士兵们说："人谁无死？但愿我们死得其所，死得值！"1894年，甲午中日战争时为"致远"号巡洋舰管带。1894年9月17日，邓世昌在黄海海战中壮烈牺牲，谥壮节公，追封太子少保衔。光绪帝垂泪撰联道：此日漫挥天下泪，有公足壮海军威。

旗帜，吸引住敌舰。他指挥的"致远"号在战斗中最英勇，前后火炮一齐开火，连连击中日舰。日舰包围过来，"致远"号受了重伤，开始倾斜，炮弹也打光了。邓世昌

北洋水师军舰

感到最后时刻到了，对部下说："我们就是死，也要死出北洋水师的威风，报国的时刻到了！"他下令开足马力向日舰吉野号冲过去，要和它同归于尽，这大无畏的气概把日本人吓呆了。

这时，一发炮弹击中"致远"舰的鱼雷发射管，使管内鱼雷发生爆炸导致"致远"舰沉没。两百多名官兵大部分牺牲，邓世昌坠身入海，随从抛给他救生圈，他执意不接，爱犬"太阳"飞速游来，衔住他的衣服，使他无法下沉。可他见部下都没有生还，狠了狠心，将爱犬按入水中，一起沉入碧波，献出了宝贵的生命，年仅45岁。

马关议和

光绪二十一年（1895），日军乘胜侵占山东威海。清政府无心抗战，一再求和，最后派直隶总督李鸿章为头等全权大臣前往日本马关，与日本全权代表、总理大臣伊藤博文和外务大臣陆奥宗光议和。3月20日双方在春帆楼会见。李鸿章要求议和之前先行停战，日方提出包括占领天津等地在内的四项苛刻条件，迫使李鸿章撤回了停战要求。24日会议后，李鸿章回使馆途中突然被日本浪人刺

《马关条约》谈判

图说

《马关条约》签订后举国哗然，对于台湾人民来说更是惊天噩耗，当时有"若午夜暴闻惊雷，惊骇无人色，奔走相告，聚于市中，夜以继日，哭声达于四野，风云变色，若无天地"的文字留存证明，台湾岛内外的官兵、民众、学生、工人等各界人士纷纷团结起来抵御抗击日本的殖民统治，掀起了一场轰轰烈烈的"反割台斗争"，虽然此次战斗以失败告终，但海峡两岸人民不分彼此，同呼吸、共命运的深厚感情永留史册。

延伸思考

你知道民族英雄邓世昌的故事吗？跟大家讲一讲。

伤。日本担心造成第三国干涉的借口，自动宣布承诺休战，30日双方签订休战条约，休战期21天，休战范围限于奉天、直隶、山东各地。此时，日军已占领澎湖，造成威胁台湾之势，停战将台湾地区划分在外，保持了日本在这里的军事压力。4月1日，日方提出十分苛刻的议和条款。李鸿章乞求降低条件。10日，日方提出最后修正案，要中方明确表示是否接受，不许再讨论。在日本威逼下，清政府只得接受。4月17日，李鸿章签订丧权辱国的《马关条约》。

诗文链接

有 感

清·谭嗣同

世间万物抵春愁，

合向苍冥一哭休。

四万万人齐下泪，

天涯何处是神州。

中国古代四大谋略故事

围　棋

　　谋略，就是通过自己的智慧去获取利益，以及如何平衡他人的利益问题。世间之事预则立，谋则兴，不谋全局者不足谋一时，不谋全局者不足谋一域。谋略作为人类智慧的表现形式之一，几乎在社会生活的每一处都能找到它的踪迹，大到治国平天下，小到修身齐家，谋定而后动是至关重要的法则。

我国古代关于谋略的故事有很多，其中最著名的当属以下四个。

晏子使楚

齐国大夫晏子出使楚国，楚王想显示楚国的威风，得知晏子身高不高，就不让他从正门进，而是从大门旁弄了个小门让他进，晏子说："拜访狗国才从狗洞进去，今天我是出使楚国。"楚王没办法只得让他从正门进去了。

到了大厅坐定，楚王故意说："齐国是没人了吗？"晏子说："齐国人的袖子连起来都可以遮住天，每人洒一把汗就像下雨一样，摩肩接踵的，人怎么会不多"？楚王就笑着问道："那为什么派你这样的人来当使者呢？"晏子回答道："我们齐国经济繁荣，与邻国有很多来往，我们按邻国的重要层级来划分使者，贤能的人派去贤能的国家，我晏子自愧不如，没有什么才华，就派到楚国来了。"楚王讪笑。

不一会儿，侍卫绑着一个犯人来到大殿，楚王说："怎么回事？我正在招待客人呢？"其实他心里清楚得很，这正是他参与导演的一出戏，准备为难晏子。那人回答说"回禀大王，这个齐人犯了偷盗之罪被我抓起来了。"楚王就问晏子："你们齐国人是不是经常偷盗啊？都怎么处理的呀？"晏子不慌不忙地说："我听说橘生淮南则为橘，生于淮北则为枳，这就是水土不同，所以结出来的果实也不同。这个人在齐国时是安分守己的良民，到了楚国却做起

晏子使楚

晏子，名婴，字仲，谥号"平"，夷维（今山东省莱州市）人，春秋时期担任齐国大夫。

晏婴是齐国上大夫晏弱之子。齐灵公二十六年（556）晏弱病死，晏婴继任为上大夫。历任齐灵公、庄公、景公三朝，辅政长达50余年。以有政治远见、外交才能和作风朴素闻名诸侯。晏婴聪颖机智，能言善辩。内辅国政，屡谏齐王。对外他既富有灵活性，又坚持原则性，出使不受辱，捍卫了齐国的国格和国威。

了偷鸡摸狗的事，看来是楚国的水土养不出良民呐。"

楚王真是搬起石头砸自己的脚，说道："我本想嘲弄一番晏子使臣，没想到反被戏耍了。"

围魏救赵

战国时期，魏国派军队进攻赵国。魏国的军队很快包围了赵国首都邯郸，情况十分危急。赵国眼看抵挡不住魏国的攻势，赶紧派人向齐国求救。

齐国大将田忌受齐王派遣，准备率兵前去解救邯郸。这时，他的军师孙膑赶紧劝他说："要想解开一团乱麻，不能用强扯硬拉的办法；要想制止正打斗得难分难解的双方，不宜用刀枪对他们一阵乱砍乱刺；要想援救被攻打的一方，只需要抓住进犯者的要害，捣毁它空虚的地方。眼下魏军全力以赴攻赵，精兵锐将势必已倾巢出动，国内肯定只剩下一些老弱残兵。魏国此时顾了外头，国内势必空虚。如果我们此时抓住时机，直接进军魏国，攻打魏国都城大梁，魏军必定会回师来救，这样，他们撤走围赵的军队来顾及首都的紧急情况，我们不是就可以替赵国解围了吗？"

一席话说得田忌茅塞顿开，他十分赞赏地说："先生真是英明高见，令人佩服。"

孙膑接着又补充说："还有一点，魏军从赵国撤回，长途往返行军，必定疲惫不堪。而我军则趁此时机，以逸

兵学亚圣孙膑塑像

待劳，只需在魏军经过的险要之处布好埋伏，一举打败他们就不在话下。"

田忌拜服孙膑的精辟分析，立即下令按照孙膑的策略行事，直奔魏国首都大梁，而且把要攻打大梁的声势造得很大，一边却在魏军回师途中设下埋伏。

果然，魏军得知都城被围，慌忙撤了攻赵的军队回国。在匆忙跋涉的途中，人马行至桂陵一带，不料齐军擂鼓鸣金，冲杀出来。魏军始料不及，仓皇抵御，哪里战得过有着充分准备的齐军。魏军被杀得丢盔弃甲，还没来得及解救都城，便几乎全军覆没。这次战争，齐军大获全胜，赵国也得到了解救。

其实，事物之间是普遍联系的，看问题不能就事论事或只注意比较显露的因素，而要抓住问题的关键和要害，避实就虚，这样一来解决问题可能更为见效。

草船借箭

三国时期，曹操率大军想要征服东吴。孙权、刘备听说后，便打算联合抗曹。当时，孙权手下有位大将叫周瑜，智勇双全，可是心胸狭窄，很妒忌诸葛亮的才干。因水中交战需要箭，周瑜便刁难诸葛亮，要诸葛亮在十天内负责赶造十万支箭。哪知诸葛亮却说只要三天，还愿立下军令状，完不成任务甘受处罚。周瑜心想，三天之内不可能造出十万支箭，正好可以利用这个机会来除掉诸葛亮。于是，他一面叫军匠们不要把造箭的材料准备齐全，另一方面叫大臣鲁肃去探听诸葛亮的虚实。

鲁肃见了诸葛亮。诸葛亮说："这件事要请你帮我的忙。希望你能借给我20只船，每只船上30个军士，船要

草船借箭

用青布幔子遮起来，还要一千多个草靶子，排在船两边。不过，这事千万不能让周瑜知道。"

鲁肃答应了，并按诸葛亮的要求把东西准备齐全。

两天过去了，诸葛亮这边还是不见一点动静，到第三天四更时候，诸葛亮秘密地请鲁肃一起到船上去，说是一起去取箭。鲁肃很纳闷。

这一天，江上大雾迷漫，对面都看不见人。诸葛亮吩咐把船用绳索连起来向对岸驶去。当船靠近曹军水寨时，诸葛亮命人将船一字摆开，叫士兵擂鼓呐喊。曹操以为对方来进攻，又因雾大怕中埋伏，就派六千名弓箭手朝江中放箭，顿时，雨点般的箭纷纷射在草靶子上。过了一会儿，诸葛亮又命船掉过头来，让另一面受箭。

太阳出来了，雾要散了，诸葛亮令船赶紧往回开。这时船两边的草靶子上已经密密麻麻地插满了箭，每只船上至少有五六千支箭，总数超过了十万支。

回到军营，鲁肃把诸葛亮借箭的经过告诉周瑜时，周瑜感叹地说："诸葛亮神机妙算，我不如他。"

智擒鳌拜

康熙帝即位的时候才8岁。按照顺治帝的遗诏，由四个满族大臣帮助他处理国家大事，担任辅政大臣。四个辅政大臣中，有个大臣叫鳌拜，他仗着自己掌握兵权，又欺负康熙帝年幼，独断专横。别的大臣和他意见不合时，就遭到排挤打击。

清王朝进关后，用强迫手段圈了农民大片土地，分给八旗贵族。鳌拜掌权以后，仗势扩大占地，还用差地强换别人的好地，遭到地方官的反对。鳌拜诬陷这些官员大逆不道，把反对他的3名地方官处死了。

康熙帝满14岁的时候，亲自执政。这时候，另一个辅政大臣苏克萨哈和鳌拜发生了争执。鳌拜怀恨在心，勾结同党诬告苏克萨哈犯了大罪，奏请康熙帝把苏克萨哈处死。康熙帝不肯批准。鳌拜在朝堂上跟康熙帝争了起来，后来竟捋起袖子，大吵大嚷。康熙帝非常生气，但是一想鳌拜势力不小，只好暂时忍耐，由他把苏克萨哈杀了。

从那以后，康熙帝决心除掉鳌拜。他派人物色了一批十几岁的少年担任侍卫，这些少年个个长得健壮有力。康熙帝把他们留在身边，天天练习摔跤。

鳌拜进宫去，常常看到这些少年吵吵嚷嚷在御花园里摔跤，只当是孩子们闹着玩，一点儿不在意。

有一天，鳌拜接到康熙帝命令，要他单独进宫商量国事。鳌拜像平常一样大模大样进宫去。刚跨进内宫的门槛，忽然一群少年拥了上来，围住了鳌拜，有的拧胳膊，有的拖大腿。鳌拜虽然是武将出身，力气也大，可是这些少年人多，又都是练过摔跤的，鳌拜敌不过他们，一下子

延伸思考

你还知道哪些中国古代的谋略故事呢？跟大家讲讲。

智擒鳌拜

就被打翻在地。任凭他如何大声叫喊，也没有人搭救他。

鳌拜被抓进大牢，康熙帝马上命大臣调查鳌拜的罪行。大臣们认为，鳌拜专横跋扈，擅杀无辜，罪行累累，应该处死。康熙帝念他对清朝也有功劳，便从宽发落，把鳌拜的官爵革了。

康熙帝用计除掉了鳌拜，朝廷上下都很高兴。一些原来比较骄横的大臣知道这个年轻皇帝的厉害，也不敢在他面前放肆了。

康熙帝亲自执政后，大力整顿朝政、奖励生产、惩办贪污，使新建立的清王朝渐渐强盛起来。

诗文链接

孙子兵法·谋攻篇

春秋·孙武

百战百胜，非善之善者也；不战而屈人之兵，善之善者也。